FLEXIBILIDAD COGNITIVA

PARA MENTES ÁGILES

Una guía para integrar sistemas de pensamiento, conectar y comunicar

FLEXIBILIDAD COGNITIVA PARA MENTES ÁGILES
Ilene Daza
ISBN: 978-956-9860-37-9
Registro de Propiedad Intelectual
Nº 2024-A-2669

CHAN! Editores
José Manuel Infante #85
Providencia
Santiago de Chile
www.agenciachan.com

Dirección de Arte: Agencia CHAN!
Diagramación: Fernanda Vallejos M.
Editora: Vanesaa Zabala.
Diseño de portada: Agencia CHAN!

CONTENIDO

7

*Dedicado a Jerónimo, mi pedacito de cielo
aquí en la tierra.*

AGRADECIMIENTOS:

Agradezco al Espíritu Santo, a quien me encomiendo en cada intervención que hago por su luz y guía.

Agradezco siempre a mis dos amores y modelos referentes, mis padres, Gonzalo y Julia, por creer en mí de una forma inigualable, a mi Jerónimo, a quien dedico este libro, por ser mi todo…

A mis hermanos, Ingrid, Gonzalo, Andrea, Camilo y Valeria por su amor genuino, apoyo incondicional y por dejarme ver a mi papá en sus acciones.

A mi familia, heredada y elegida por el amor. A mis amistades que son familia.

A mis alumnos y clientes por su apertura, por creer y por confiar, es por ustedes y para ustedes que escribo.

A mi redactora y correctora de estilo Vanesa Zabala, por su profesionalismo, paciencia y amor, a la agencia CHAN!, por su apoyo incondicional y creatividad amorosa, a la editorial avión de papel por sus valiosos aportes y por emocionarse con mi libro.

Por último, un especial agradecimiento a los seis grandes líderes de sus sectores que, sin preguntar mucho, me apoyaron con un sí absoluto y amoroso y participaron con la herramienta de *e-learning* en el capítulo 4.

"CADA CONVERSACIÓN TIENE SU PROPIA PARTICULARIDAD"

INTRODUCCIÓN

"HÁBLAME DE TI"

Tenía una oportunidad excepcional. En máximo una hora, debía mostrar al presidente de una importante compañía mi portafolio de servicios. Con mucha dedicación, preparé una atractiva presentación en términos visuales y de contenido. Cuidé el diseño, la concreción, la integralidad de actividades. Todo estaba explicado paso a paso, destacando los aspectos más importantes. Incluso, había un resumen de mi experiencia profesional y recorrido académico. Ya me había informado sobre la compañía; sabía lo que necesitaban y estaban buscando en términos de productos, así que preparé un discurso muy enfocado, potente y motivador. La ocasión lo ameritaba. Llegué muy puntual a la reunión y a la expectativa porque era la primera vez que conversaría con ese reconocido empresario. Luego de saludarnos y ubicarnos en la mesa de juntas, su primer comentario fue:

-       "Háblame de ti".

Yo enseguida me sonreí, porque soy muy cercana, —barranquillera— y congeniamos de inmediato; empecé a hablarle de mi vida, de la época en que me trasladé a la ciudad de Bogotá, de mi familia, de mi hijo y mi esposo con autenticidad y transparencia. A él empezaron a brillarle los ojos y a los pocos minutos me relató episodios de su historia laboral y de sus estudios fuera del país para continuar especializándose en su carrera. Hicimos una conexión maravillosa, de persona a persona. En los últimos quince minutos de la reunión, me dijo:

-       Bueno, ahora sí. Cuéntame, ¿qué le puedes ofrecer a mi empresa?

En ese poco tiempo que restaba, condensé una presentación de una hora y le sinteticé mi visión, así como la oferta de capacitación para su equipo de trabajo y el impacto del entorno de su sector. A él le encantó el plan, me contrataron y me fue muy bien ese año ¿Y adivina qué fue lo que sucedió cuando me citaron nuevamente para darle continuidad al plan de desarrollo del siguiente período? Me volvió a preguntar:

-       Bueno, cuéntame, ¿cómo te ha ido?, ¿a dónde viajaste?, ¿qué hiciste?, ¿tuviste vacaciones? …

Yo lo actualicé de mis experiencias y él de las suyas, entre las que destacaba su afición por el golf. Los últimos 20 minutos, los destinamos a revisar la propuesta y los resultados. El primer encuentro se remonta a ya casi 10 años y hasta el día de hoy seguimos trabajando juntos.

Si en aquel primer encuentro hubiera ignorado su curiosidad y hecho la presentación tal y como la tenía planteada, probablemente se habría desconectado y desinteresado. Él tenía que congeniar primero conmigo como ser humano.

Por su estructura cognitiva predominante, no podía iniciar ahondando en teorías, conceptos, números, indicadores, herramientas, autores… Tampoco en las tendencias de mercado con respecto a los programas de formación ni en cómo llevaríamos a la práctica los módulos temáticos en los distintos departamentos. Comprendí —desde el primer instante— que la dinámica de relacionamiento con ese gerente corporativo pasaba por el vínculo cercano, primordial en su foco de interés.

Esta vivencia me marcó profesionalmente y es reveladora del poder que tiene entender los sistemas de pensamiento de tu interlocutor; fue entonces cuando tomé conciencia de la importancia de enseñarlas. Me dije: "tengo que empezar a priorizar en mis talleres estos puntos de conexión con la gente para que la comunicación sea mucho más efectiva y asertiva".

Y así lo he hecho. En la actualidad, tengo una amplia cantidad de ejemplos, como uno reciente con un funcionario de alto rango de la rama judicial. Desde que llegué al encuentro, entendí que era metódico. Lo saludé cordialmente y calibré los rasgos de su personalidad. En los primeros minutos, cuando me hizo pasar a su oficina, analicé el contexto, su forma de caminar, de sentarse, me saludó de forma amable y me dijo: "háblame del programa, ¿qué es?, ¿cómo lo harás?, ¿en qué te vas a enfocar?, ¿cuántos niveles tiene?, ¿cuál es la intensidad?". Necesitaba argumentos y razonamientos sólidos, datos verificables, relevancia y aplicación práctica. Gracias a un lenguaje claro y conciso, pude demostrarle credibilidad y ganar su confianza para asesorarlo en su área de interés.

En otros momentos he tenido que identificarme más con un estilo donde las ideas fluyen de forma espontánea y la creatividad se impone con propuestas novedosas y de amplio alcance. Otro enfoque que puede sobresalir es el de acción; en este caso, la toma de decisiones estará orientada a la ejecución y a lograr resultados concretos.

Lo cierto es que cada conversación tiene su propia particularidad y si estamos atentos a las características preponderantes de la persona, el resultado será exponencial. La flexibilidad cognitiva y el desarrollo del pensamiento sistémico nos pueden transformar en individuos más integrales, con mayor capacidad de adaptación y apertura para la resolución de problemas.

Estas habilidades son determinantes para una comprensión amplia de las dinámicas específicas de las organizaciones que deben operar en entornos cambiantes y complejos como el actual. Para los líderes, es un modelo fundamental que les permitirá ajustar con acierto las estrategias y encontrar oportunidades ante los desafíos que impactan su gestión. He sido testigo de su impacto positivo en la cultura organizacional, donde se dan transformaciones significativas y propuestas exitosas que les permiten evolucionar.

Cualquiera que sea tu rol de desempeño, también puedes marcar una gran diferencia gracias a tu disposición para incorporar nuevos puntos de vista ante una situación, abordar desafíos complejos con tolerancia y ser parte de soluciones vanguardistas, abordando los procesos como un todo, visualizando las partes en su conjunto sin obviar aspectos claves.

Más que conocer la información y entenderla, te invito a que realmente desarrolles esta habilidad de una forma sencilla y práctica. De hecho, te compartiré en el último capítulo una herramienta de *e-learning* para comprobar tu aprendizaje.

Mi mayor anhelo es que te apropies del contenido de este libro. No solo que tengas más conocimiento, sino que realmente aproveches este marco conceptual y puedas llevarlo a la experiencia, mejorando significativamente tus interacciones.

PUEDES MARCAR
UNA GRAN
DIFERENCIA
GRACIAS A TU
DISPOSICIÓN

“EL LIDERAZGO
CONSCIENTE
ES LA CLAVE
PARA EL ÉXITO
SOSTENIBLE DE
LAS EMPRESAS”

CAPÍTULO 1

FLEXIBILIDAD COGNITIVA Y MODELOS MENTALES: ¿QUÉ SON Y PARA QUÉ NOS SIRVEN?

"El bambú fluye con el entorno sin oponerle resistencia. Se dobla ante los vientos, no se "doblega" ni los combate. Se adapta a las circunstancias y muestra apertura al aprendizaje de lo nuevo. Acepta lo que no puede controlar y fluye con la incertidumbre".
Ismael Cala

Ligero y resistente. Así es el bambú, una planta familia de las gramíneas, con tallo de hasta 20 metros de altura, cuyas cañas se emplean en la construcción y fabricación de muebles. Es esta plasticidad y disposición para doblarse fácilmente, lo que la hace flexible. Sus atributos sirven de inspiración en muchos sentidos, desde el liderazgo, la actitud en diferentes momentos de la vida o la fuerza interna ante los desafíos.

Resulta fascinante saber que esta capacidad de adaptación la encontramos no sólo en la naturaleza, sino en las personas que se muestran tolerantes, transigentes y comprensivas ante situaciones cambiantes. La RAE nos dice que una persona flexible "se adapta con facilidad a la opinión, a la voluntad o a la actitud de otro u otros".[1]

---

[1] https://dle.rae.es/flexible?m=form

Quienes tienen esta mirada ante la vida están abiertos a considerar diferentes perspectivas ante la resolución de problemas y toma de decisiones; también promueven la creatividad, entre otras fortalezas. Es justo lo opuesto a lo rígido y severo, a ser aguantón o sumiso. Por eso, valdría la pena preguntarse, ¿esta cualidad es exclusiva de unos pocos o puede desarrollarse?

Todos podemos aprender esta habilidad mental de transformar nuestros pensamientos, haciendo los ajustes necesarios, teniendo apertura a nuevas experiencias y desafíos. La flexibilidad cognitiva "se puede explicar como la capacidad de cambio ante situaciones inesperadas y novedosas; es un aspecto determinante en el actuar del ser humano, sobre todo cuando el entorno demanda un cambio en nuestra conducta, en nuestro pensamiento u opinión". [2]

Disciplinas como la psicología, la neurociencia y la educación coinciden en que este talento no tiene fecha de caducidad, es dinámico y puede expandirse a lo largo de la vida. Uno de los factores claves para incorporarlo en nuestra forma de ser es la neuroplasticidad.

---

[2] https://www.unisabana.edu.co/portaldenoticias/al-dia/aqui-y-ahora-las-ventajas-de-la-flexibilidad-cognitiva/#:~:text=La%20flexibilidad%20cognitiva%20es%20un,ante%20situaciones%20inesperadas%20y%20no-vedosas.

Cuando el cerebro evoluciona y se amolda a nuevas experiencias, las personas adquieren la suficiencia de analizar diferentes perspectivas y conciliar las necesidades del día a día. Es un valor diferenciador en el mundo laboral al facilitar la interacción con el equipo de trabajo.

Otro determinante es la consciencia del momento presente. Más que anclarse en el pasado o enfocarse en la anticipación por lo que sucederá a futuro, cultivamos la flexibilidad cognitiva cuando elegimos entre las distintas opciones del ahora para avanzar. Influyen, por supuesto, las experiencias previas como motor para ajustar los pensamientos y la educación que nos brinda diferentes perspectivas y enfoques. Incide también el cuidado de la salud mental para gestionar el estrés que suponen los retos cotidianos. El mindfulness, la meditación y el manejo de la respiración nos ayudan en este sentido.

Culminar el bachillerato, despedirse de los amigos que nos han acompañado durante buena parte de la infancia, iniciar la vida universitaria, trasladarse de ciudad o país o simplemente compartir con personas que tengan un punto de vista distinto al nuestro son ejemplos cotidianos de la aplicación práctica de esta habilidad. Son circunstancias que ponen a prueba nuestra capacidad de apertura y escucha, de tolerar y priorizar lo importante de la vida. La gestión de las emociones juega un rol fundamental.

El doctor en psicología, escritor y conferencista Walter Riso (https://walter-riso.com/) lo explica en los siguientes términos: "la flexibilidad mental es mucho más que una habilidad o una competencia: es una virtud que define un estilo de vida y permite a las personas adaptarse mejor a las presiones del medio. Una mente abierta tiene más probabilidades de generar cambios constructivos que redunden en una mejor calidad de vida. Las mentes flexibles (...) aceptan con naturalidad la crítica y el error; les gusta la risa y el humor y lo ponen en práctica; su manera de pensar es profunda y compleja sin ser complicada".[3]

Me encantó una frase de Riso que resume en buena parte la esencia del tema: "la gente flexible no carece de opiniones, las tiene, pero

---

[3] Riso, W. 2007. *El poder del pensamiento flexible. De una mente rígida a una mente abierta al cambio.* Bogotá. Grupo editorial Norma, pág. 14.

no son intocables. El punto medio son las convicciones racionales y razonadas: *tengo ideas, puedo sustentarlas racionalmente y estoy dispuesto a oír seriamente el otro punto de vista*".[4]

La flexibilidad mental en definitiva potencia el desarrollo humano. Varios autores la comparan con la arcilla, que empapada en agua se hace muy maleable. De la misma forma, el cerebro humano a través de la plasticidad tiene la capacidad de mejorar su actividad mental, aprender y modificar lo que sea necesario. El neurocientífico Javier de Felipe lo explica de una manera muy gráfica: "cuando nacemos las neuronas son como árboles. De hecho, dendritas, que es la prolongación de las neuronas, viene del griego y significa "árbol". Si ves el bosque neuronal del cerebro de un recién nacido, las neuronas son muy sencillas, tienen muy pocas ramas, pero luego a medida que van madurando esas neuronas se van haciendo cada vez más complejas, con más ramas y más conexiones. Eso es porque se está reorganizando el cerebro".[5]

Lo interesante es que podemos potenciar esos circuitos neuronales a lo largo de la vida, estando dispuestos a educarnos, a tener un relacionamiento con el entorno provechoso y a destinar tiempo a experiencias valiosas que aporten a nuestro bagaje cultural. La flexibilidad conecta con el movimiento, el fluir, la disposición al cambio y a revisar los propios esquemas con pensamiento crítico.

---

[4] Riso, W. 2007. *El poder del pensamiento flexible. De una mente rígida a una mente abierta al cambio*. Bogotá. Grupo editorial Norma, pág. 27.

[5] https://youtu.be/w20Yalj0Feo BBVA. Aprendamos Juntos 2030. La educación, la plasticidad y el cerebro. Javier de Felipe, neurocientífico.

¿Quiénes serían tus referentes?

A lo largo de la historia hay personajes excepcionales que representan claramente esta capacidad cerebral de adaptabilidad en función de las situaciones inesperadas y cambiantes del entorno. Leonardo Da Vinci fue un artista polifacético —pintor, arquitecto, ingeniero y productor teatral— con la habilidad de abordar diversas disciplinas y campos de estudio (anatomía, física, matemática, la filosofía y la música); no solo dejó un legado invaluable como la *Mona Lisa* o *La Última Cena*; también plasmó en sus cuadernos bocetos de inventos, incluidos máquinas voladoras; dibujos, esquemas y anotaciones con soluciones únicas para la resolución de problemas.

Su deseo de aprender, talento creativo y visión futurista nos hablan de una mente prodigiosa y altamente flexible. Su curiosidad insaciable y la observación minuciosa del mundo que lo rodeaba le permitió comprender y representar fenómenos complejos; experimentar, probar y aprender de la experiencia, otra característica de su increíble plasticidad cerebral.

En nuestro mundo actual también hay muchas figuras de diversas disciplinas que sobresalen por su mente versátil y su facultad de desafiar los esquemas tradicionales de pensamiento.

Elon Musk sin duda es un visionario con enfoque multidisciplinario que ha liderado empresas tecnológicas y de comunicaciones, (X, Tesla, SpaceX), energía (SolarCity), transporte (Hyperloop) y neurotecnología (Neuralink); por su parte, el colombiano David Vélez uno de los cofundadores y CEO de Nubank, lidera una innovadora empresa de servicios financieros digitales con sede en Brasil, desafiando el modelo bancario tradicional. Ha demostrado capacidad de adaptarse a las demandas de sus clientes, ajustando estrategias y fomentando una cultura organizacional donde la creatividad, la agilidad y la toma de decisiones rápidas es su sello singular.

Otra figura relevante es el empresario colombo japonés Taro Araya, fundador de Goama (https://goama.com/) una compañía digital que hace presencia en 25 países y utiliza los videojuegos con el objetivo de generar lealtad de usuarios a compañías gigantes como Rappi. En el ecosistema emprendedor internacional es considerado como un experto en resolución de problemas en serie, lo cual revela su flexibilidad mental. Explica que un emprendedor escalable, como es su caso, es "aquel que se enfoca en crear compañías grandes con presencia en varios países o regiones".[6] Su estilo de liderazgo está marcado por la importancia que le da a la comunicación, a conocer cada cultura donde abre operaciones y la confianza que genera en los miembros de su equipo.[7]

Si seguimos ahondando en otras áreas como la educación, la neurociencia, la política o la música, también encontraremos números ejemplos de colaboración interdisciplinaria, soluciones ingeniosas y pragmáticas a situaciones complejas. Sin embargo, quisiera dejarte la certeza de que la flexibilidad cognitiva no es exclusiva de estas figuras destacadas, la podemos encontrar cada día en diferentes ámbitos, en nuestros referentes particulares, amigos, familiares y en nuestra propia realidad.

Cada uno la puede identificar y potenciar en sí mismo cuando, por ejemplo, estamos abiertos a cambiar de opinión o cuando nos decidimos a adquirir nuevas habilidades. Las transiciones de vida —cambios de carrera o dinámicas familiares— también nos ponen a prueba. Modificar la interacción con ciertas personas, comprendiendo

---

[6]https://youtu.be/I-DBXmUVYo4

[7]https://www.mintic.gov.co/portal/inicio/Sala-de-prensa/Noticias/193903:Para-emprender-la-clave-es-entender-el-problema-y-resolverlo-de-lleno-Taro-Araya-experto-invitado-a-Heroes-Fest-en-alianza-con-InspiraTIC "Para emprender la clave es entender el problema y resolverlo de lleno': Taro Araya, experto invitado a Héroes Fest en alianza con InspiraTIC".

sus necesidades emocionales, son otro aspecto que reflejan nuestra empatía y disposición a explorar otras opciones.

¿Cómo se evidencia en lo laboral?

En el ámbito empresarial, se manifiesta de múltiples formas: en la adaptación al entorno digital, la posibilidad de trabajo híbrido (virtual/presencial), nuevas herramientas y plataformas de software.

Otra expresión práctica de la mente flexible es la aptitud de resolver problemas con soluciones creativas y, por supuesto, conformar equipos diversos para lograr decisiones robustas basadas en diferentes perspectivas.

Ajustar estrategias comerciales según las necesidades de los clientes, fomentar el aprendizaje continuo y propiciar una comunicación fluida entre los distintos departamentos de la organización son otras muestras prácticas de la mente flexible.

Las habilidades de negociación y acuerdos, resolución de conflictos, manejo de objeciones y aprobación de propuestas, entre otras dinámicas del mundo laboral, se pueden resolver con otra herramienta llamada "los 6 sombreros de pensamiento estratégico" que apunta a generar en los líderes y miembros de los equipos de trabajo múltiples perspectivas para mejorar la calidad y eficacia del proceso de toma de decisiones.

Fue el doctor Edward de Bono, creador del término *pensamiento lateral*, quien desarrolló este método para "permitir que las personas y los equipos sean más receptivos a las nuevas ideas y las desarrollen constructivamente. El método *Six Hats* es una técnica devastadoramente simple, basada en los diferentes modos de pensar del cerebro. Se aprovecha la inteligencia, la experiencia y la información de todos para llegar rápidamente a las conclusiones correctas". (*n.d. Thinking as a skill* | de Bono.

Esta técnica ofrece un aporte significativo —más completo y equilibrado— al explorar diferentes miradas y formas de abordar un mismo tema. Desde la visión positiva, crítica, informativa, de coordinación, creativa o emocional, el abordaje se pasea por distintos modos de pensar. Al hacerlo de forma estructurada se pueden contemplar los hechos y datos de una propuesta, analizando cifras y la información disponible o conocer cuáles son los sentimientos y las percepciones de los participantes. Se incluye la evaluación crítica de los posibles riesgos y debilidades de la propuesta, así como los beneficios y ventajas de la idea. La creatividad se hace presente cuando se contemplan otros enfoques. Por último, alguien asume el rol organizador al controlar la conversación, establecer objetivos y definir el paso a paso a seguir.

Todas estas miradas invitan al líder a identificar cuáles son los sombreros o enfoques que usan de manera frecuente sus colaboradores para hablarles desde cada lenguaje predominante y lograr conectar con cada uno para dirigir efectivamente la conversación y los resultados. Generalmente, son cuatro de seis los predominantes en cada persona.

Lo interesante es que el uso de los seis sombreros "posibilita conducir efectivamente el análisis en una discusión grupal, tomar decisiones a partir de la construcción del pensamiento colectivo y al mismo tiempo minimiza el efecto negativo y destructor del enfrentamiento y la discordancia de criterios".

Personalmente, utilizo con frecuencia esta herramienta para fortalecer las habilidades de negociación, visión global y pensamiento estratégico de los líderes porque permite identificar y analizar desde dónde está hablando la otra persona. En mi anterior libro: *"El líder que sí transforma: herramientas probadas para desarrollar altas competencias en otras personas"*[8], profundizo esta técnica que facilita la toma de decisiones en grupo y permite abordar los temas desde múltiples perspectivas. Favorece un pensamiento equilibrado.

---

[8]Daza, I. (2022). *El líder que sí transforma: herramientas probadas para desarrollar altas competencias en otras personas*. Primera edición. Santiago de Chile. CHANI Editores.

Modelos mentales de aprendizaje

Todas estas estrategias que se van incorporando cada vez con éxito a un mayor número de corporaciones tienen otro pilar fundamental: los modelos mentales de aprendizaje que abren posibilidades de asumir cualquier desafío y evaluar varias opciones de respuesta. Se trata de estructuras cognitivas para organizar, entender la realidad y procesar la información. Inciden en la resolución de problemas, la interacción con los demás y la forma en que interpretamos la información. Intervienen no sólo en el ámbito organizacional sino en el personal y social. De ahí la importancia de conocerlos porque fomentan la adaptabilidad, la innovación y la eficiencia.

"Cuando pensamos, actuamos, hablamos y estructuramos ideas, lo hacemos siempre con base en nuestros conocimientos y experiencias previas, mostrando patrones a los que se les llama modelos mentales, los cuales actúan de manera casi inconsciente en todo momento"[9].

Es así como en la ecuación de cómo fortalecer los procesos de aprendizaje se incluye estos nuevos elementos que están presentes en las decisiones que tomamos cada día en nuestras vidas. Afectan cómo asimilamos y procesamos la información nueva y se pueden entender como construcciones internas que se van cimentando a partir de los conocimientos y experiencias.

En términos prácticos podríamos compararlos con una caja de herramientas de la mente que cuenta con múltiples utensilios para solucionar distintos problemas. Así como utilizamos un martillo para clavar o un serrucho para cortar, se trata escoger el implemento correcto. Esta ingeniosa comparación la escuché en una charla TED que lo explica en los siguientes términos: "si sólo tenemos un modelo mental, vamos a pensar todos los problemas con ese modelo, como si tratáramos de sacar un tornillo con un serrucho. Si tenemos muchos modelos mentales, nuestra mente será mucho más potente (…) para pensar mejor tenemos que ampliar la caja de herramientas de nuestra cabeza, sino todos los problemas nos van a parecer un clavo"[10].

Estos "utensilios correctos" vendrían siendo la simplificación de la realidad para entender y actuar de manera eficiente; la organización para estructurar el conocimiento y relacionar conceptos entre sí, las acciones y decisiones que adoptamos y que influyen en nuestro comportamiento o las interpretaciones que hacemos de las situaciones cotidianas.

En el entorno laboral, utilizando los instrumentos correctos podremos tener, por ejemplo:

- Una comunicación efectiva y ser más tolerantes con los compañeros de trabajo.

- Adaptabilidad para asumir asertivamente los cambios internos y externos.

- Análisis de situaciones para un mejor entendimiento y comprensión.

- Disminución del riesgo a partir de información oportuna y certera con fuentes confiables.

- Pensamiento crítico para simplificar, organizar y facilitar la toma de decisiones tanto de líderes como de colaboradores. Ello impacta en la efectividad de la estrategia empresarial.

- Por parte de los miembros de la empresa, creencias y valores compartidos que cohesionan la cultura organizacional, determinando la forma en que se comunican y colaboran.

- Mentalidad abierta, receptividad al cambio y a la experimentación favoreciendo la innovación.

Muy probablemente, te vienen a la mente empresas que son casos de éxito y referentes por marcar la pauta en alguna de estas características.

---

[10]https://youtu.be/btVINB09L_Y Herramientas para decidir mejor. Emiliano Chamorro. TEDxRíodelaPlata.

Tal es el caso de *Amazon* con su foco central en el cliente; *Google* con su cultura de innovación permanente y modelos mentales que asimilan el fracaso como parte del proceso de aprendizaje, así como la búsqueda de soluciones creativas. Trascendieron el objetivo inicial de ser sólo un motor de búsqueda para expandirse a proyectos como *Google Earth, Google Book Search y Google Labs*.

Otra empresa disruptiva en la industria del entretenimiento que marca la pauta en cuanto a agilidad, capacidad de anticipar y flexibilidad es *Netflix* y, por supuesto, *Apple*, con su enfoque en el diseño, la simplicidad y la estética. La industria automotriz tiene en *Toyota* el paradigma de la mejora continua y el trabajo en equipo.

Desde la mirada colombiana, *Ecopetrol* destaca por desarrollar enfoques de aprendizaje para ejecutar soluciones sostenibles; *Bancolombia* adoptó cambios tecnológicos para satisfacer las necesidades de sus clientes y el *grupo Nutresa* se mantiene a la vanguardia de la industria de alimentos y bebidas, por sólo mencionar algunas.

Los modelos mentales, ¿influyen positiva o negativamente en la toma de decisiones?

Antes de responder esta pregunta, debemos saber que estos patrones cognitivos pueden basarse en experiencias pasadas, el contexto social, conocimientos, valores y percepciones individuales. Los encontramos en distintas disciplinas, lugares y tiempos[11].

9,11 https://www.crehana.com/blog/negocios/modelos-mentales/

"Los conocimientos, en gran medida, están influenciados por el medio en que fueron obtenidos, ya sea por la educación en las escuelas, por nuestra familia o por el lugar donde nos hemos desarrollado. Por otro lado, las experiencias y las creencias de un individuo afectarán cómo interpreta o analiza un determinado hecho".

Por ende, en la medida en que seamos conscientes de la calidad de esos modelos mentales y de nuestra disposición de estar abiertos a nuevas formas de pensar, impactaremos de forma positiva o negativa en nuestras decisiones. Es aquí cuando cobra mayor sentido la flexibilidad mental y la capacidad ajustar esas estructuras según sea el caso.

En un sentido propositivo, nos pueden ayudar a organizar y estructurar la información basados en el conocimiento previo; identificar tendencias para tomar decisiones eficientes; facilitar la resolución de problemas a partir de un marco de referencia sólido o reducir la incertidumbre al anticipar resultados.

Lo anterior aplica para los ejemplos empresariales antes mencionados y para métodos probados que favorecen la estrategia corporativa como el modelo mental de la *Eficiencia de Pareto*, común en mercadeo para priorizar, medir y analizar diferentes aspectos de un proceso.

Otra práctica es la denominada "el mapa no es el territorio" que conduce a considerar soluciones que no necesariamente se encuentran dentro del marco de acción previsto. Los distintos enfoques contemplan minimizar o evitar errores a futuro; visualizar las consecuencias a mediano o largo que pudiera tener una decisión, predecir resultados a partir de fundamentos lógicos y matemáticos y saber que la desinformación —producto de los filtros y los algoritmos de las redes sociales— puede llevar a tomar decisiones sin tener todos los elementos de valoración.

En un extremo opuesto, la rigidez mental con enfoques antiguos puede impactar negativamente, generando un bloqueo al momento de elegir una alternativa. La influencia de los sesgos cognitivos y la resistencia al cambio puede llevar a las personas a rechazar nuevas propuestas o enfoques alternativos.

Como lo hemos dicho, los modelos mentales son filtros inconscientes que nos ayudan a avanzar o nos impiden lograr los objetivos. Una muestra real pudiera ser el deseo de emprender de un joven y el bloqueo mental ante la falta de capital inicial. Esta creencia es tan generalizada, que en Colombia se publicó el libro: *"Cómo hacer negocios sin dinero"* de las hermanas Carvajalino, desmontando precisamente ese paradigma y brindado nuevos enfoques para avanzar. El reto está en tener la apertura para considerar otras opciones y lograr cambiar el patrón que impide avanzar.

Particularmente, los líderes serán más exitosos en la medida en que conozcan, desarrollen y profundicen en esos patrones que serán un diferenciador en el presente y futuro de sus organizaciones.

El tema es trascendental e imperioso considerando los cambios y la incertidumbre actual que afecta en cascada la vida privada, social y laboral de las personas. Por eso, me gustaría invitarte a leer dos artículos que publiqué recientemente en la revista Forbes, donde destaco la importancia de desarrollar una mentalidad flexible. El primero se titula: *"De la autoridad a la admiración: ¿cómo liderar en ambientes multigeneracionales?"*

Entre otros aspectos, explico por qué el liderazgo consciente es la clave para el éxito sostenible de las empresas. Ello supone adaptarse a las necesidades y expectativas de las generaciones "Y" y "Z" (Millenials y Centennials), conocerlas y comprenderlas mejor[12].

---

[12]https://forbes.co/2023/12/05/red-forbes/liderar-en-ambientes-multigeneracionales

En el otro artículo, *"El síndrome del producto terminado es más común de lo que parece"* me centro en la resistencia al cambio —rigidez cognitiva—, en aquellos líderes que se niegan a potenciar sus capacidades de adaptación. "Acéptenme como soy", pareciera ser su consigna. El énfasis está en las puertas que se cierran al aprendizaje y al crecimiento cuando asumimos, a veces de forma de inconsciente, estas actitudes que se evidencian en el entorno personal y en el mundo organizacional[13].

[13]https://forbes.co/2023/10/13/red-forbes/el-sindrome-del-producto-terminado-es-mas-comun-de-lo-que-parece

LA FLEXIBILIDAD
MENTAL POTENCIA
EL DESARROLLO
HUMANO

"LO PRIMERO ES IDENTIFICAR ESTOS RASGOS EN TI MISMO PARA LUEGO APRENDER A LEERLOS EN LOS DEMÁS"

CAPÍTULO 2

UNA MENTE CON VISIÓN INTEGRAL SE PUEDE ENTRENAR

Sistemas de pensamiento: definición, teoría y características.

Cuando Conan Doyle creó a Sherlock Holmes no parece que diera tanta importancia ni tuviera la intención de crear un modelo para pensar y tomar decisiones, para plantear, estructurar y solucionar problemas. Pero eso es, precisamente lo que hizo.

*(*Escritora y psicóloga María Konnikova, autora del libro: ¿Cómo pensar como Sherlock Holmes?)*

Si quieres desarrollar habilidades de razonamiento lógico, ser más asertivo en la resolución de problemas, tomar decisiones con sólida información, cultivar la atención y la curiosidad aprende de Sherlock Holmes.

"El famoso detective, se caracteriza por un enfoque analítico y observador para resolver misterios (...) representaba una clase nueva de detective, un pensador sin precedentes que utilizaba su mente de una manera original. Hoy simboliza un modelo ideal para que mejoremos nuestra manera habitual de pensar".[14]

De él podemos rescatar la relevancia que tienen los pequeños detalles, el foco en la evidencia y la indagación sobre el porqué de las cosas.

"Es aquí, en la observación, la inferencia y la deducción, donde encontramos el núcleo de lo que hace que Holmes sea quien es, un detective distinto a cualquier otro anterior o posterior a él; el detective que elevó el arte de la investigación policial a la categoría de ciencia exacta (...) Creo que ese es el secreto del atractivo irresistible, universal e imperecedero de Holmes ".[15]

Sus historias y caracterización de personajes también tienen un sello creativo, con ideas intuitivas que lo llevarán a reunir pistas claves y resolver los casos más enigmáticos; sin duda, sus tramas dan rienda suelta a la imaginación. Si bien su sello y habilidad predominante es deducir conclusiones lógicas al prestar atención a aquello que para otros pasa desapercibido, el toque humano y compasivo está presente en sus relatos. El propio Arthur Conan Doyle, escritor que dio vida a Holmes relata un juicio que da cuenta de su sentido de la ley y comprensión de la psicología criminal. Es un caso que se remonta a un pueblo de Reino Unido en 1903, cuando el hijo de un párroco de ascendencia india fue sentenciado a siete años de trabajos forzados por la muerte cruel y despiadada de diversos animales de granja que eran degollados en horas de la noche.

..." En 1906, George Edalji tuvo un golpe de suerte: Arthur Conan Doyle, el famoso creador de Sherlock Holmes, se había interesado en su caso. Aquel invierno, Conan Doyle quedó en encontrarse con Edalji en el Gran Hotel de Charing Cross. Y en cuanto sir Arthur lo vio desde el otro lado del hall, se desvaneció al instante cualquier duda que pudiera tener sobre la inocencia del joven. Como él mismo lo describió después:

"[Edalji] ya había llegado a mi hotel para la cita y al venir yo con retraso pasaba la espera leyendo el periódico. Lo reconocí por su tez oscura y me detuve a observarlo. Sostenía el periódico cerca de los ojos y un poco de lado, lo que no solo era señal de fuerte miopía, sino también de marcado astigmatismo. La idea de que aquel hombre recorriera

los campos por la noche y atacara al ganado evitando la vigilancia de la policía era ridícula... Ahí, en esa tara física, residía la certeza moral de su inocencia... ¿de verdad alguien con tal astigmatismo y miopía era capaz de recorrer los campos mutilando animales por la noche? Finalmente, en la primavera de 1907, Edalji fue absuelto de la acusación de maltrato animal".[16]

Así como en la literatura, en la vida real hay una metodología práctica, sencilla y fácil de entender para pensar mejor; simplifica los otros modelos mentales antes vistos y abarca cuatro sistemas de pensamiento que, si los conoces, los trabajas y los identificas, te llevarán a desarrollar flexibilidad cognitiva. Se trata de un marco mental que influye en la forma en que las personas abordamos, percibimos y procesamos la información. Nos ayudan a comprender el mundo y a abordar problemas específicos. Como diría el mejor detective de la historia: *"elemental, mi querido Watson".*

Su eficacia está demostrada por ser una herramienta coherente e integral y así lo han comprobado diversos autores de la psicología y las neurociencias que han investigado sobre los cuatro sistemas de pensamiento que nos rigen como individuos: método, acción, ideas y humano; profundizaremos en las características de cada uno de ellos no sin antes enmarcar esta herramienta en el temperamento y el carácter, dos rasgos distintivos que inciden de forma significativa en la toma decisiones.

La razón por la cual predominan ciertas estructuras cognitivas y no otras en cada uno, depende en buena medida de la forma de ser o reaccionar; las características innatas, biológicas, los aprendizajes sociales, valores y creencias. Todo ello determina nuestros enfoques y la adaptación a nuevas dinámicas de vida. Incluso la disposición o cautela ante situaciones novedosas.

El hecho de que elijamos ciertos entornos de trabajo también viene dado por nuestros intereses, habilidades y cualidades propias, lo cual se evidencia en el llamado **"Código de Holland",** utilizado ampliamente en la psicología para describir y clasificar las preferencias vocacionales. Allí, encontramos valiosas coincidencias con los sistemas de pensamiento.

Según este modelo -diseñado por John L. Holland- se establecen varios tipos de personalidad que representan una cierta combinación de dos o tres de las siguientes áreas de interés: realista, analítico-investigador, expresivo-artístico, idealista-social, emprendedor y convencional. El autor concluye además que *"la gente con la personalidad que corresponde a sus ambientes de trabajo estará más motivada y satisfecha".*[17] Por ende, buscará ocupaciones que le proporcionen oportunidades acordes a su forma de ser.

Conoce la singularidad de cada una de las estructuras de pensamiento

Las tipologías de la personalidad sumadas a la comprensión y reconocimiento de los sistemas de pensamiento pueden significar un antes y un después en términos de flexibilidad cognitiva. Al integrar las distintas formas de pensar, -enfoque analítico y creativo o de ideas y humano-, estaremos más dispuestos a cambiar nuestro punto de vista ante una situación. La capacidad de adaptación se amplía, así como la posibilidad de abordar desafíos complejos con apertura y diferentes perspectivas. De esta forma, resultará más factible llegar a soluciones innovadoras, abordando los procesos como un todo, visualizando las partes en su conjunto sin obviar aspectos claves, lo cual finalmente, mejora los aprendizajes.

[14-17]https://semanariouniversidad.com/suplementos/forja/el-metodo-cientifico-de-holmes-como-arte-de-investigacion/

En el ámbito empresarial, lo primero es identificar estos rasgos en ti mismo para luego aprender a leerlos en los demás. Al hacerlo, podrás sintonizar con el esquema de tu líder, tu par de trabajo o tus colaboradores y lograrás a través del análisis, una conexión profunda con ellos y una comunicación efectiva. Por eso es importante reconocer las características distintivas de cada sistema.

Así como en los tipos de personalidad sobresalen unos perfiles específicos, en los sistemas de pensamiento al menos dos prevalecen en cada uno de forma notoria. Los otros dos también estarán presentes, pero en menor proporción. Veamos en detalle sus características:

Método

Son personas muy organizadas y estructuradas. Generalmente sus decisiones son estratégicas porque tienen como base un proceso de análisis muy minucioso en el que consideran información concreta, cualitativa y cuantitativa de forma oportuna.

La eficiencia, la precisión, la gestión del tiempo y el logro de metas los distinguen. Y por esas mismas razones pueden inclinarse hacia la rigidez mental, dificultad para delegar y perfeccionismo. Incluso pueden perder efectividad, agilidad e incurrir en falta de ejecución porque están analizando todo el tiempo.

Son críticos, sus acciones diarias son muy bien pensadas, es decir, no actúan impulsivamente. Evalúan muy bien lo que van a hacer y a decir. Analizan los inconvenientes y ponderan los puntos de vista. No son buenos para trabajar rápido ni bajo presión; necesitan de tiempo y espacio para responder.

Los de método coinciden con tres tipologías de la personalidad descritas por Holland: realista, analítico-investigador y convencional; los distingue su facultad para observar, aprender, investigar, analizar, evaluar, solucionar problemas, manejar de datos, realizar tareas detalladas, seguir instrucciones y procesos. Destacan por sus habilidades administrativas.

Son orientados a la función y prefieren los objetos, las máquinas, las herramientas y las cosas antes que la gente. Fuera de sus obligaciones, pueden conversar de cualquier tópico y disfrutar del espacio social o de integración, pero cuando se trata de trabajar son muy enfocados. También desean entender el mundo físico y se describen como persistentes, estables, honestos, prácticos, analíticos, exactos, cautelosos, curiosos, críticos, ordenados, eficientes, persistentes y estructurados entre otros atributos.

Desde otra perspectiva llamada **"los Cinco Grandes Rasgos de Personalidad"**, (apertura a la experiencia, conciencia, extraversión, amabilidad y neuroticismo) el estilo metódico se relaciona principalmente con la segunda característica que prioriza la estructura, anticipación y orientación hacia las metas.

"Aquellos que tienen altos niveles de conciencia tienden a ser más responsables y meticulosos en su enfoque de la vida. Esto se traduce en una preferencia por la planificación, la organización y la atención a los detalles, lo que puede tener sus propias implicaciones en la vida cotidiana. Las personas con ese estilo tienden a sentirse más cómodas siguiendo planos y procedimientos predefinidos, lo que a menudo entra en conflicto con la mentalidad abierta y exploratoria de aquellos con altos niveles de apertura a la experiencia."[18]

Mi experiencia con amigos y clientes del sistema de método ha sido provechosa y satisfactoria. Con los primeros, he desarrollado proyectos exitosos y si bien tenemos una relación muy cercana lo primero que me dicen es: *"trabajemos de 8:00am a 10:00am, hacemos una pausa de media hora y luego conversamos. A las 10:30am volvemos a retomar hasta las 12:00pm".*

---

[18]https://significado.com/caracter-metodico/

Con los clientes me sucede algo parecido: aunque mi esencia es ser espontánea y cercana al inicio soy formal y discreta. En la medida en que nos identificamos, por haber usado la misma ruta de relacionamiento, se crea un vínculo que da pie a una interacción mucho más efectiva. Mi objetivo es conocer el camino de entrada al cerebro de la otra persona.

Una vez lo identifico, asumo un comportamiento metódico, voy directo al tema, sigo un paso a paso con orden y coherencia y me pongo en sus zapatos. Posteriormente, se genera más cercanía; el saludo es más afectuoso porque inconscientemente mi interlocutor piensa *"se parece a mí"*, *"sus habilidades y competencias son parecidas a las mías"*. Si bien hay quienes no dan ese paso, en la mayoría de los casos sí sucede. Se abren porque se logra una conexión profunda basada en el respeto, la confianza, la responsabilidad, credibilidad y la autoridad. El vínculo se verá reflejado en el clima de relacionamiento y en los resultados.

Acción

El movimiento, el progreso, la necesidad de estar siempre haciendo actividades es la característica predominante del sistema de pensamiento de acción. Ellos disfrutan las tareas relacionadas con la evolución. Sentir que hacen cosas diferentes dentro de su propio esquema de trabajo los motiva a tener una planeación propia.

Los retos los estimulan, están orientados al éxito y a tener resultados superiores. Eventualmente, pueden ser poco rigurosos al no ahondar en las ventajas y limitaciones de los proyectos; suelen enfocarse en lo positivo, en lo que sí se puede alcanzar, ignorando los puntos críticos o lo que puede fallar. Les pueden faltar más datos, cifras y hechos para tomar decisiones. Pueden llegar a ser impulsivos.

Les corresponde el tipo de personalidad del emprendedor por la destreza para trabajar con los demás, influenciar, dirigir las metas organizacionales o alcanzar el aumento económico. Se les facilita persuadir, dirigir, hablar y vender. Son aventureros optimistas, arriesgados, ambiciosos, enérgicos, populares y sociables.

Otros rasgos descritos por Holland, también evidencian la estructura de pensamiento de acción. El realista, por ejemplo, debe resolver problemas tangibles de forma práctica; el artístico plasma su ingenio en la creación de obras de arte, piezas musicales o proyectos de vanguardia. Los sociales, evidencian su actuar con servicio a los otros, asesorías o colaboración en sus grupos de interés.

El líder de acción define la estrategia y la ejecuta en busca de logros concretos, tanto en el corto como en el largo plazo. Su sello es el desempeño con agilidad y la toma de decisiones rápidas y efectivas. Motiva a su equipo y los impulsa a alcanzar los objetivos. Promueve una cultura de acción.

Este perfil es idóneo para manejar situaciones de crisis, imprevistos que exigen un cambio de estrategia oportuno, situaciones repentinas donde la opción no puede ser la parálisis por análisis sino la determinación al actuar.

Tener la fortaleza de cerrar ciclos y finalizar etapas también es una muestra de adaptación y flexibilidad. Un caso, en este sentido, es el admirado y carismático deportista colombiano Rigoberto Urán quien anunció, a principios de 2024, su retiro de las competencias: *"hay momentos en los que hay que aprender a tomar decisiones. Es muy difícil. Estoy acá, este año me bajo de la bicicleta y cada día piensas qué hacer el día después. Uno nunca está listo para un duelo, pero es algo que hay que afrontar. No es una decisión que tomo solo… Creo que cumplí. Mucha gente dirá que faltó una grande y que merecía una grande. Lo que hice, lo que gané y lo que perdí era lo que tenía que pasar. Luché para ser el mejor. Me siento orgulloso de lo que hice. Mi familia y mi papá, donde sea que esté, seguramente está orgulloso"*.[19]

---

[19]https://www.eltiempo.com/deportes/ciclismo/rigoberto-uran-llora-en-vivo-tras-recordar-a-su-papa-y-anuncio-su-retiro-853903

Para quienes tienen estos atributos, **"una idea que no es llevada a la acción es tan sólo una ilusión".** Por eso, se trabaja en la focalización en los objetivos, metas proactivas, fáciles de cumplir y en medir el avance del proyecto a través de un sistema sencillo y motivador.[20]

Ideas

Los que prefieren los conceptos, teorías, tecnología e innovación es porque su sistema de pensamiento es principalmente de ideas. Son creativos y divergentes. Siempre están produciendo. Les gusta el cambio, los avances. Su capacidad inventiva predomina de forma innata siendo una cualidad que se puede potenciar en cualquier etapa de la vida.

Disfrutan lo que hacen, por eso son comprometidos con los proyectos de principio a fin. Tienen un estilo de trabajo propio y al ser reconocidos se sienten motivados y con deseos de seguir adelante. Dan rienda suelta a su imaginación para ofrecer soluciones ingeniosas. Sin duda,

[20]https://jrgsanta.com/2017/08/07/persona-de-accion/

hacen gala de una mente flexible abierta a múltiples opciones.

Entre sus limitaciones puede estar la falta de ejecución y la incapacidad para concretar sus propuestas con un paso a paso. Aterrizar lo que tienen en mente puede llegar a ser una debilidad. La creatividad con estructura funciona perfectamente, pero al carecer de planeación pueden divagar y relacionar una idea con otra de más amplio alcance que impide la concreción, la ejecución y la posibilidad de real de llevar a cabo algo que en su concepto luce ingenioso y llamativo.

Cabe mencionar que *"la creatividad puede ser fomentada o bloqueada de diversas maneras. Su desarrollo no es lineal, sino que es posible potenciarlo a través de la aplicación de actividades, métodos didácticos, motivación y otros procedimientos".*[21] Entre otras técnicas reconocidas están *"la lluvia de ideas, pensamiento lateral y complementación con técnicas de aprendizaje".*[22]

La personalidad expresivo-artística es la más acorde con este sistema. La capacidad de trabajar usando la imaginación y creatividad es lo que impulsa su potencial. Se definen como idealistas, inconformistas, emocionales, intuitivos, originales, expresivos e independientes.

En las organizaciones, aportan originalidad a los proyectos; especialmente quienes integran los equipos de mercadeo, publicidad y comunicación, cuya visión se alinea de forma evidente con la estructura de ideas. Incluso, hay líderes o colaboradores que asumen ese rol cuando se requiere explorar nuevas estrategias o solucionar alguna coyuntura.

[21-22]https://humanidades.com/creatividad/

Una forma de reconocerlos es que, en una conversación, utilizan frases como: *"leíste lo que pasó"*, *"viste la información"*. Si están hablando de un tema, enlazan con otro y desvían la conversación. Les gusta hacer paréntesis y hablar de más.

Imagina a alguien de método trabajando con uno de ideas. Es muy interesante esa interacción porque el primero querrá ir al grano mientras el segundo querrá extenderse. En este caso, es importante relacionar el tema con un concepto de mayor alcance, alguna situación del entorno novedosa que esté ocurriendo en ese momento porque les gusta la actualidad. Están abiertos a nuevas vivencias y, por ende, más dispuestos a explorar alternativas.

Estos dos enfoques cognitivos se pueden complementar al momento de abordar problemas, tomar decisiones o procesar información. Mientras el primero seguirá pasos estructurados y lógicos, el segundo aportará creatividad y perspectivas originales. Ante análisis detallados y evaluaciones basadas en evidencia, el otro aportará intuición y posibles implicaciones emocionales. Su forma de ver el mundo le llevará a conectar distintos elementos para lograr estrategias integrales.

"Cada uno de estos rasgos tiene sus ventajas y limitaciones, y la combinación de diferentes niveles de apertura a la experiencia y estilo metódico puede variar ampliamente entre individuos, contribuyendo a la diversidad y riqueza de la personalidad humana".

He conocido, además, amistades sinceras y duraderas entre una persona de método y una de ideas porque ambas se nutren de la forma de ser de la otra, incorporan esas habilidades innatas y potencian el aprendizaje mutuo. Mientras una adquiere un estilo más cercano, espontáneo y adaptable, la otra fortalece sus hábitos de organización, planificación y enfoque. Es maravilloso ver como se complementan a partir de intereses comunes, valores familiares y experiencias memorables.

Humano

En este sistema de pensamiento, la motivación más arraigada son los conflictos de la colectividad. Valoran la situación particular de los otros, las interacciones y las relaciones humanas. La tipología de personalidad idealista-social coincide con este perfil por las capacidades para trabajar con la gente, aclarar, informar, ayudar, entrenar, curar y comunicar. Son sociables, responsables y tratan con el bienestar de otros. Se califican como convincentes, profundos, cooperativos, discretos, amistosos. idealistas, responsables y comprensivos.

Al tener esta orientación tan marcada, pueden perder de vista lo racional, los hechos y las estadísticas. Pueden obviar o minimizar resultados basados en data. También pueden ser propensos a perder objetividad al momento de tomar decisiones porque son dados a centrarse en las particularidades y emociones de los demás. Puede ser difícil para ellos actuar en escenarios donde es necesario hacer una reestructuración corporativa y reducir personal.

En el ámbito profesional, *"el liderazgo orientado a las personas es participativo, de empoderamiento y fomenta la colaboración creativa en quienes lo ejercen. Se da generalmente en situaciones donde es necesaria la implementación de cambios relevantes de negocio, empresas o funciones de las personas. Por ejemplo, el líder explica el proyecto o el requerimiento que necesita con urgencia y solicita opiniones al resto del equipo, desarrollando sus habilidades, tomando en cuenta sus comentarios y fortaleciendo el proceso de toma de decisiones"*.[23]

---

[23]https://metodoegm.com/emprendimiento/liderazgo-orientado-a-las-personas/

En una empresa son quienes se preocupan por sus pares y por lo que están sintiendo. Quieren saber cómo si la persona está motivada. Promueven sus capacidades y fomentan la productividad, así como incentivos (bonos, flexibilidad de horarios y espacios de esparcimiento). Si no se maneja con ciertas pautas, puede conllevar a falta de estructura y los resultados pueden postergarse a lo largo del tiempo.

Al igual que con los otros sistemas, acoplarse a determinado estilo, no cambia tu esencia, por el contrario, te impulsa en la dirección correcta; es una herramienta de éxito para cerrar una negociación y lograr los objetivos. Por ende, si tu estructura predominante es la de método y tu colaborador es humano, busca alinearte.

También puede suceder lo contrario: que, siendo tú de humano, debas actuar de una forma neutral porque tu interlocutor es metódico. En ese caso, no se va a sentir cómodo si llegas a la reunión con un estilo social efusivo y comienzas a preguntarle cómo le ha ido. Si llegas con esa cercanía, su consciente le va a decir que quieres generar empatía, pero en su inconsciente afirmará: *"no es como yo, no tiene mi estilo"*. Puede haber excepciones, porque la persona aprecia y siente admiración por esas habilidades sociales que quizá no tenga tan desarrolladas. No obstante, en general, no se identificará como similar con el otro, porque es un proceso que se da a nivel inconsciente.

Cuando vayas a hacer una presentación es importante abarcar todos y cada uno de los sistemas de pensamiento (método, acción, ideas y humano); al conectar con el canal indicado, los otros se abrirán y podrás comprender cuáles son las estructuras predominantes de la persona y cuáles no.

¿Hay uno mejor que otro?

Todos son esenciales para un razonamiento sistémico, es decir, para un desarrollo integral del pensamiento. No hay uno que sea mejor que otro; cada uno tiene sus ventajas y sus puntos a trabajar y al considerarlos en su amplitud, nos permitirán cubrir todas las visiones posibles. Lo crucial es saber que este enfoque aplica no sólo para desenvolvernos ante las diferentes jerarquías en la empresa o con nuestros pares, sino para la vida misma con resultados positivos en la esfera profesional, privada y social.

Cuando empiezas a vivir esta práctica de análisis, aprendes a descartar y a reconocer el modo de pensar del otro, así como su principal canal de comunicación. Luego de muchos años profundizando al respecto con mis clientes y alumnos, puedo afirmar con absoluta convicción que puedes apropiar y perfeccionar esta herramienta para lograr hábitos potenciadores que incidan en una forma de relacionarte mucho más cercana y eficaz.

Si Sherlock Holmes viviera en nuestros tiempos, seguramente, en pocos minutos lograría deducir con total precisión los sistemas predominantes de su interlocutor, integrando diversas estrategias y haciendo un examen preciso de las diferentes variables. La conversación se tornaría fluida y él lograría cambios tangibles y positivos que favorezcan su objetivo. Gracias a su insuperable rigor de su pensamiento, descubriría otros elementos de la persona que se guardaría -con total reserva- para su próximo encuentro.

En resumen:

- Son cuatro los sistemas de pensamiento que nos guían como personas: **método, acción, ideas y humano**, de los cuales al menos dos sobresalen de forma notoria. El temperamento y el carácter son dos rasgos distintivos que inciden de forma significativa en la toma decisiones.

- Los metódicos son organizados, planificados y orientados hacia las metas.

- Los de acción buscan el éxito y los motiva obtener resultados superiores. El movimiento, el progreso, la necesidad de estar siempre haciendo actividades es su característica predominante.

- Los que prefieren los conceptos, teorías, tecnología e innovación es porque su sistema de pensamiento es principalmente de ideas. Son creativos y divergentes. Siempre están produciendo. Les gusta el cambio, los avances. Su capacidad inventiva predomina de forma innata.

- Los de sistema humano valoran el trabajo en equipo, la comunicación, el bienestar, el desarrollo emocional de sus colaboradores, las interacciones y el relacionamiento social.

- Cuando empiezas a vivir esta práctica de análisis, aprendes a descartar y a identificar el modo de pensar del otro, así como su principal canal de comunicación. Este sistema lo puedes apropiar y perfeccionar para lograr hábitos potenciadores que incidan en una forma de relacionarte mucho más cercana y eficaz.

- Todos en su conjunto son cruciales para un razonamiento sistémico, es decir, para un desarrollo integral del pensamiento. No hay uno mejor que otro; cada uno tiene sus ventajas y puntos a trabajar. Incluso, aunque logres identificar en ti y en los demás los dos sistemas predominantes, algunas características estarán presentes, pero no todas.

APARTADO DE COMUNICACIÓN

Mejora tu conexión de acuerdo con el sistema de pensamiento de tu interlocutor

Sin maquillaje, vestida de una manera informal y con ejemplos cotidianos que el auditorio captó de inmediato, dictó su charla de dos horas, Lina Saldarriaga, una de las psiquiatras más reconocidas y preparadas de Colombia. Fue invitada por una asociación de padres a dar una conferencia magistral sobre salud mental en adolescentes en varias ciudades del país. A primera vista, su imagen no era la esperada; por su amplia experiencia, la expectativa quizá era ver a alguien muy elegante, distante y con un lenguaje especializado; sin embargo, ella sabía que para conectar con el público debía generar cercanía y su atuendo debía estar acorde a la ocasión. Su tono y lenguaje sencillo captaron la atención de todos desde el minuto cero y al finalizar su presentación, varias personas del salón se le acercaron agradecidas para contarle sus historias o pedirle opinión. Su charla fue absolutamente provechosa e inspiradora.

¿Cómo hizo para conectar con el público de esa manera? Sin duda, los mejores oradores desarrollan diferentes habilidades y técnicas, que van desde conocer el público -sus intereses y preocupaciones-, tener claridad en el mensaje, compartir ideas de forma organizada, ofrecer conclusiones prácticas, hacer un uso efectivo del lenguaje corporal y conseguir un vínculo emocional con la audiencia.

Con la práctica, nosotros también, desde nuestro ámbito particular de influencia, podemos lograr una comunicación efectiva y adaptar el mensaje según el canal correspondiente al sistema de pensamiento de nuestro interlocutor. Identifica el modo de pensar del otro, haz los ajustes necesarios y adapta tu lenguaje según el contexto:

Aprende a comunicarte mejor

Observa e identifica	Actúa y sintoniza	Aprende a interactuar y traza tu estrategia
Método	• Refuerza la importancia de la planeación. • Utiliza un enfoque lógico. Debes ser preciso y concreto en la comunicación. • Respalda tus afirmaciones con evidencia sólida. Evita comentarios anecdóticos o cotidianos porque la persona se desespera y se inquieta. • No hables de más, especialmente, en el entorno laboral. Resulta inoportuno. • Plantea posibles consecuencias	• Establece un cronograma; presenta tu idea, proyecto o exposición de manera estructurada. • Desarrolla un plan de trabajo que contemple objetivos, un proceso minucioso, estadísticas y una sólida conclusión. • Considera diversas perspectivas con visión integral. Señala ventajas y también inconvenientes. Si sólo te quedas en lo positivo, tu interlocutor irá un paso adelante anticipando otros escenarios.

Acción	• Ofrece soluciones prácticas.
	
	• Proporciona ejemplos concretos. La persona lo que quiere es actuar.
	
	• Exprésate en términos de movimiento y acción.
	
	• Recuerda: no se conectan con la rutina.
		• Haz hincapié en lo que el proyecto va a significar en términos de resultados.
		
		• Al momento de hacer la propuesta utiliza frases como:
		
		  • "Vamos a hacer" …
		
		  • "Los avances serán" …
		
		  • "Estaremos en el *top of mind* de nuestros clientes con estos mensajes" …
		
		  • "Podrás ir a la convención" …
		
		• Presenta una exposición breve donde sólo se destaque lo esencial. Subraya el carácter práctico.

Observa e identifica	Actúa y sintoniza	Aprende a interactuar y traza tu estrategia
Ideas	• Sé flexible y adáptate a nuevas ideas. Valora otras perspectivas y muestra respeto por las diferencias de opinión. • Utiliza metáforas, analogías o historias pertinentes para contextualizar el tema de manera efectiva. • Fomenta el pensamiento divergente y la exploración. • Con mucha delicadeza, debes retomar el eje central de la conversación. Una persona de ideas a la que le digas, "volvamos al tema", se puede ofender porque no se sintió escuchada. • No te impacientes si divaga	• Subraya el carácter único del tema que los convoca. • Haz hincapié en el valor de la propuesta y de su proyección para el futuro. • Puntualiza el impacto mayor que puede tener en la sociedad o en el entorno empresarial.
Humano	• Practica la escucha activa. Conoce primero sus preocupaciones y puntos de vista antes de expresar los tuyos. • Adopta un estilo sociable, cortés, cercano y entusiasta. • Aunque tu sistema sea de método o tu personalidad sea un poco más distante, personaliza la interacción, favoreciendo el diálogo y la empatía.	• Antes de entrar en materia, inicia con un comentario general o con algún punto en común que hayas identificado al observar el entorno. • Subraya el impacto que tendrá el proyecto para el público objetivo, el equipo y la organización en general. • Si aplica, menciona los resultados que la idea ha tenido en el pasado.

Notas

- Walton, Harrison. Pensamiento crítico. (Audiolibro) Audible.

- Modelos mentales, Juan Ramírez, narrado por D.C. Benavides. Audible.

- Inteligencia social. Daniel Goleman. Audible.

- De Bono, Edward. Seis pares de zapatos para la acción. Editorial Paidós.

- De Bono, Edward. El pensamiento lateral. Manual de creatividad. Editorial Paidós.

- De Bono, Edward. Simplicidad: técnicas de pensamiento para liberarse de la tiranía de la complejidad.

- Editorial Paidós.

- De Bono, Edward. Seis marcos laterales: estrategias para gestionar la información.

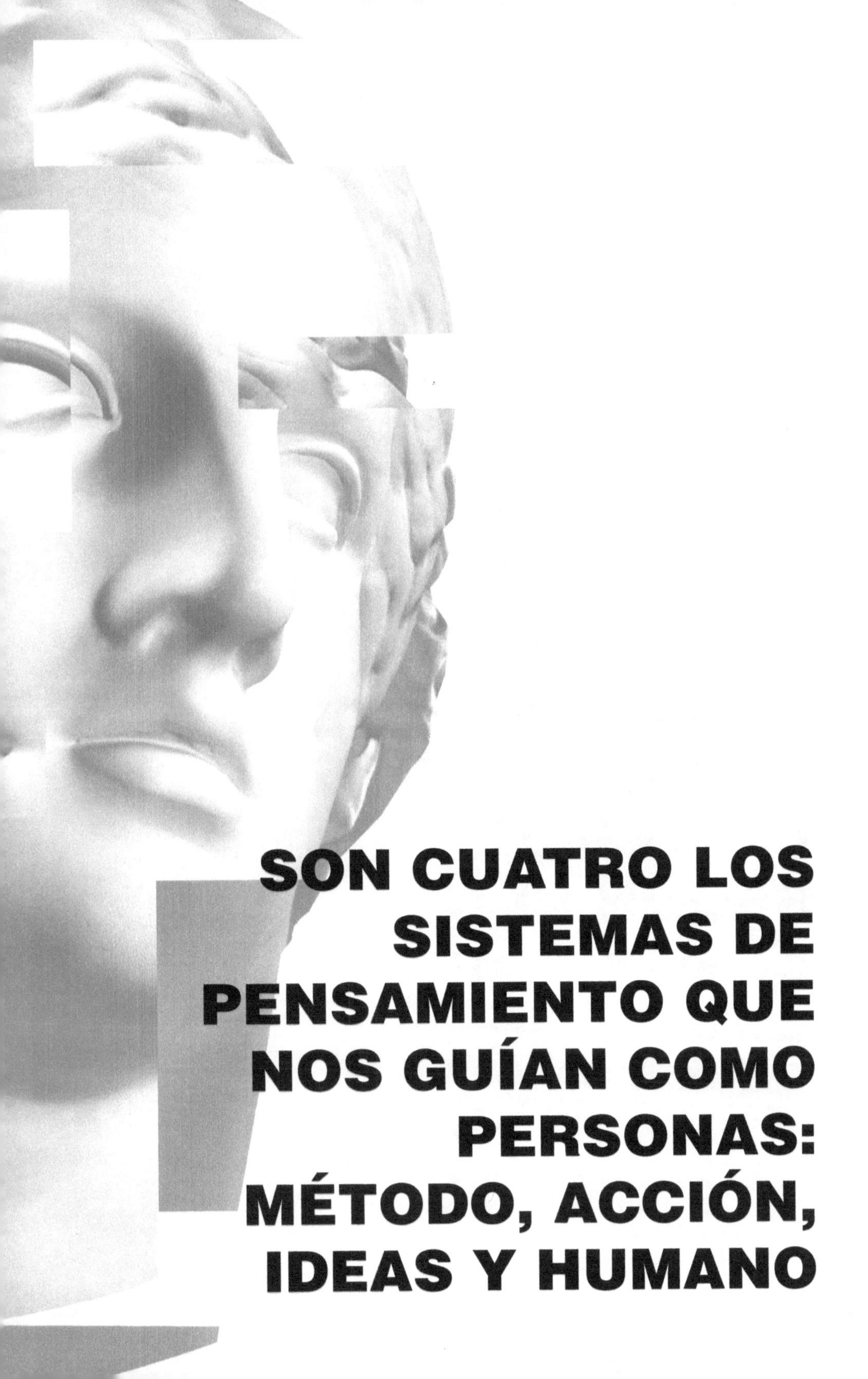
SON CUATRO LOS SISTEMAS DE PENSAMIENTO QUE NOS GUÍAN COMO PERSONAS: MÉTODO, ACCIÓN, IDEAS Y HUMANO

"IDENTIFICA EL MODO DE PENSAR DEL OTRO, HAZ LOS AJUSTES NECESARIOS Y ADAPTA TU LENGUAJE SEGÚN EL CONTEXTO"

62

CAPÍTULO 3

¿CÓMO SER MÁS DE MÉTODO, ACCIÓN, IDEAS O HUMANO?

Reconoce los comportamientos observables y los elementos claves para integrar los cuatro sistemas de pensamiento.

De Messi me gusta todo.
Rodrigo, 14 años.

Humildad. Calma. Determinación. Capacidad de superar obstáculos, inigualable espíritu competitivo, capacidad para leer el juego y tomar decisiones rápidas y efectivas ¿Cuántas cualidades más podríamos mencionar del gran Lionel Messi quien goza de una mente abierta, colaborativa, capaz de adaptarse a diferentes estrategias de juego?

Los expertos, seguramente, podrían escribir todo un libro sobre este inigualable futbolista. Aunque no es el tema que nos ocupa, si es un excelente referente para comprender cómo los sistemas de pensamiento proporcionan estructura y determinan nuestro actuar en diferentes ámbitos de la vida. Incluso se combinan entre sí para definir quiénes somos, cómo nos comportamos y qué tipo de relacionamiento nos distingue.

Por sus rasgos de planificación, orden y análisis podemos inferir que el astro mundialista es una persona de método y si consideramos su destacada agilidad, toma de riesgo y ejecución entonces también diríamos que su otra estructura cognitiva notoria es la de acción. Estos mismos elementos los identificamos, a escala nacional, en el gimnasta cucuteño Jossimar Calvo quien, a sus 29 años, ganó el bronce en barras paralelas en la Copa Mundo de El Cairo (Egipto) en febrero de 2024.

Su historia es reveladora de cómo la apertura mental fortalece al ser humano ante la adversidad y nos permite adaptar las acciones para superar dificultades que, en su caso, parecían insalvables. Él pudo ajustar sus estrategias y volver al ruedo profesional. Así lo explicó su entrenador, el técnico Jorge Ruiz:

"Jossimar estaba borrado del mapa por lesiones muy serias en los hombros (…) siempre ha sido un hombre de pocas palabras. Casi no le gusta hablar y menos dar una entrevista. Más bien se mete de lleno en su vida privada, la que se goza con Valeria, su hija, quien tuvo mucho que ver en este duro proceso, pues siempre pensó en darle buen ejemplo. No estaba bien por las lesiones y se vino abajo por no competir, pero la verdad es que se ha recuperado y lo tenemos peleando los podios"

Quienes lo acompañaron de cerca en su preparación, afirman que, gracias a trabajar la parte mental, pudo superar ese duro desafío.

Cuando prevalecen elementos como la innovación, el aprendizaje continuo y la creatividad, el énfasis son las ideas y si destacan la empatía, el trabajo colaborativo y la contribución con alcance general, es porque el sistema humano destaca entre los anteriores.

A modo de validar la prevalencia de estos perfiles y reconocerlos en los demás, hice el ejercicio de preguntar cuáles son esas figuras que sigues o admiras y porqué. Las respuestas revelan elementos de las estructuras cognitivas que serán el eje central de este capítulo.

Inicié con un adolescente nativo digital quien escogió a dos de sus *youtubers* favoritos: el comediante, actor y cantautor *Pototico*, popular entre la comunidad hispana por sus videos sobre "las ocurrencias de las mamás", donde recrea situaciones cotidianas que interpreta desde el humor; su talento le ha traído una audiencia superior a los 5 millones de personas y tiene más de 100 cortos publicados.

El otro influenciador que sigue mi joven entrevistado es AsianJeff, un chico coreano que hace muchísimo dinero en *Fornite* y juega horas ilimitadas hasta que entra su abuela a la habitación. Su comunidad disfruta de ese instante en el que comienza a hacer toda suerte de morisquetas que anuncian el fin de la transmisión en vivo desde la plataforma *Twitch*. Cada uno a su estilo revela una combinación de los sistemas acción/ideas.

También conversé con un universitario que estudia Administración de Empresas y de una vez me dijo: **Steve Jobs, por su análisis, concreción, estrategias bien pensadas, determinación**, obsesión por la fusión de la tecnología con el diseño y su pasión por la innovación.

En su lista de preferencias también está Imán Gadzhi, un exitoso veinteañero que logró el éxito financiero a través de su agencia de marketing digital. En Jobs, predominan los sistemas método/ideas y en el caso de Gadzhi, serían ideas/acción.

Si bien puede existir una brecha entre lo que es significativo para un joven o para un adulto, la flexibilidad cognitiva puede ser un canal para facilitar la capacidad de adaptación, el entendimiento mutuo y tratar de comprender las diferentes perspectivas y estilos de comunicación de las distintas generaciones.

En Colombia, alguien que lo ha entendido y lo ha llevado a la práctica de forma disruptiva -evidenciando de forma preponderante los sistemas de **acción/humano**- es el director de la Dirección de Impuestos y Aduanas Nacionales, DIAN, Luis Carlos Reyes (@luiscarlosrh) quien se ha dado a la tarea de interactuar con la comunidad de *TikTok* respondiendo inquietudes de una manera concreta y divertida, algo inusual para tan alto funcionario. El docente y economista de 39 años ha ganado popularidad y le ha podido explicar a más personas temas fundamentales de su competencia. Una de sus reacciones más ocurrentes fue la respuesta sin palabras al *youtuber* @rubigol quién afirmaba que "una de las cosas que más odiaba en esta vida es la facturación electrónica".

… *"Ha tenido un impacto positivo en la imagen de la DIAN, acercándola a la ciudadanía y generando confianza en la gestión de la entidad. Los expertos en comunicación aplauden la estrategia de Reyes por su creatividad, originalidad y efectividad. Consideran que es un ejemplo de cómo las instituciones públicas pueden utilizar las redes sociales para conectar con la ciudadanía de forma cercana y eficaz (…) y humanizar la imagen de la institución".*

Mas allá de nuestras preferencias particulares, dependiendo del momento de vida, el área profesional, los intereses personales o las aficiones literarias, artísticas, culinarias, musicales o deportivas, seguramente habrá innumerables personajes que pueden representar a cabalidad los distintos sistemas de pensamiento que hemos venido caracterizando (método, acción, ideas y humano) y que ahora abordaremos desde una visión integral.

Estas figuras pueden gozar del reconocimiento de todo un país, trascender épocas o tener resonancia global. Algunos son conocidos por su enfoque analítico y creatividad. Lo importante es que, por sus comportamientos observables, características de personalidad y legado podemos inferir sus estructuras mentales predominantes, así como los elementos notorios de cada uno de ellos para aprender a desarrollarlos en nosotros mismos.

Como ya lo hemos señalado, esta práctica de análisis se convierte en un hábito, en el que identificamos el modo de pensar del otro y su principal canal de comunicación. Al menos dos sistemas predominantes estarán a la vista.

El fallecimiento de Rodrigo Pardo el 19 de febrero de 2024, congregó el sentir del mundo político, académico y mediático que elogió su trayectoria y rindió un emotivo homenaje a su don de gente, generosidad, calidez, capacidad intelectual y gerencial (estructura método/humano).

Periodista, intelectual, diplomático, Pardo fue director de El Espectador, la revista Cambio y Noticias RCN; director editorial de Semana y subdirector de El Tiempo. Canciller, embajador en Venezuela y Francia. Maratonista y fiel hincha de Millonarios. Su esposa, la chef @Margarita Bernal, lo describe como un hombre "generoso, amoroso y valiente". Por su parte, la periodista Jineth Bedoya, en una columna titulada: *Hasta pronto, querido Rodrigo* lo despidió así:

…*"Ese eres tú, querido Rodrigo Pardo García-Peña. Un hombre listo para ayudar, para escuchar, para sostener y entregar amor y sabiduría. De esos caballeros en la dimensión explícita de esa palabra, que afortunadamente hay en el mundo"*…

Su hermana, Diana Pardo (X: @Diana_pardo) lo despidió en los siguientes términos:

…*"Gran lector desde chiquito, amante de la literatura y poeta de adolescente. A mis padres les escribía versos en los cumpleaños. Los escribía en cartón negro con lápiz de color blanco, o en hojas blancas con los bordes quemados que parecían papiros antiguos… Desde que tengo recuerdo andaba siempre enterado del acontecer internacional. Tenía un pequeño radio en el que escuchaba noticias desde temprano, tal como lo hacía nuestro abuelo periodista. Pasó de la academia al sector público y de ahí al periodismo, y de esas ocupaciones el periodismo fue su gran amor. Lo ejerció con libertad, rigor y responsabilidad. Sus análisis siempre fueron certeros y ponderados"*…

Aún con el impacto de la muerte de Pardo, apenas pocos días después destacadas voces de los medios de comunicación colombianos lamentaban la partida del humorista gráfico José Alberto Martínez, Betto y enaltecieron su talento excepcional para controvertir con sus trazos en blanco y negro el acontecer nacional (evidente sistemas de ideas/humano).

Durante más de 20 años fue caricaturista del diario *El Espectador*; ganó en 8 ocasiones el premio Simón Bolívar y fue honrado por sus más allegados amigos y admiradores humoristas quienes obviando las noticias del día, unificaron los temas de sus dibujos y los plasmaron en diversos medios con agudeza, sentimiento de nostalgia e imaginación.

¿Cuáles son los elementos distintivos de cada sistema de pensamiento y cómo podemos integrar esos que aún faltan por fortalecer?

En cada uno de estos personajes y en otros que mencionaremos más adelante, podemos reconocer marcos conceptuales que nos hablan de la orientación para gestionar la información, abordar problemas, tomar decisiones y generar soluciones. Son rasgos diferenciadores y modos de actuar que reflejan su estructura cognitiva.

Hasta ahora, nuestro abordaje de los sistemas de pensamiento ha transitado por conceptos fundamentales vinculados con la personalidad y las características propias de cada uno de ellos. Al asociarlos con figuras imaginarias y reales, buscamos evidenciar eso que hemos recalcado a lo largo del libro: ¿cómo puedo fortalecer esos sistemas que no tengo tan desarrollados para integrarlos con los que sí predominan en mí de forma habitual?

El énfasis está en plantearte preguntas para incorporar esos nuevos modelos mentales y mostrar comportamientos observables que evidencien un cambio en ese sentido. Para ello, te brindaré una hoja de ruta con acciones específicas que te ayuden a incorporar esas nuevas habilidades.

Si necesitas ser más de método, ¿qué prácticas podrían fomentar un enfoque más sistemático para la toma de decisiones?, ¿cuáles serían esas herramientas para prever escenarios de una manera más objetiva?, ¿qué tendrías que hacer para organizar mejor tus ideas y establecer prioridades?, ¿cómo ajustarías tus procesos luego de un análisis más reflexivo de evaluación de resultados?

Si descubres que requieres de un enfoque más orientado a la acción, ¿qué medidas concretas y efectivas tomarías para alcanzar tus objetivos?, ¿cómo priorizarías tus tareas y te concentrarías en finalizarlas?, ¿qué harías para lograr un mayor progreso para la ejecución y cumplimiento de los planes de acción?, ¿cómo gestionarías tu tiempo de manera más eficiente y productiva?

Cuando el énfasis necesario es de ideas, ¿cómo cultivarías más la creatividad, la curiosidad y las soluciones innovadoras?, ¿cómo te expondrías a nuevas experiencias y personas para que te inspiren a generar nuevos proyectos?, ¿estarías dispuesto a cuestionar tus puntos de vista y estar abierto a las perspectivas de otros?

Por último, si humano es un sello distintivo que quisieras proyectar y aprender: ¿cómo desarrollarías más tu habilidad para comprender, empatizar y relacionarte mejor con los demás?, ¿de qué forma te pondrías en los zapatos del otro para resolver conflictos de manera pacífica y constructiva?, ¿cómo podrías usar tu capacidad de liderazgo para favorecer el entendimiento mutuo, generando un impacto de amplio alcance en tu empresa, comunidad o sociedad?

La clave para responder todas estas inquietudes está en conocer y llevar a la práctica los elementos distintivos de cada uno de los sistemas de pensamiento que nos marcarán la pauta para lograr una mayor flexibilidad cognitiva. Podríamos resumirlos así:

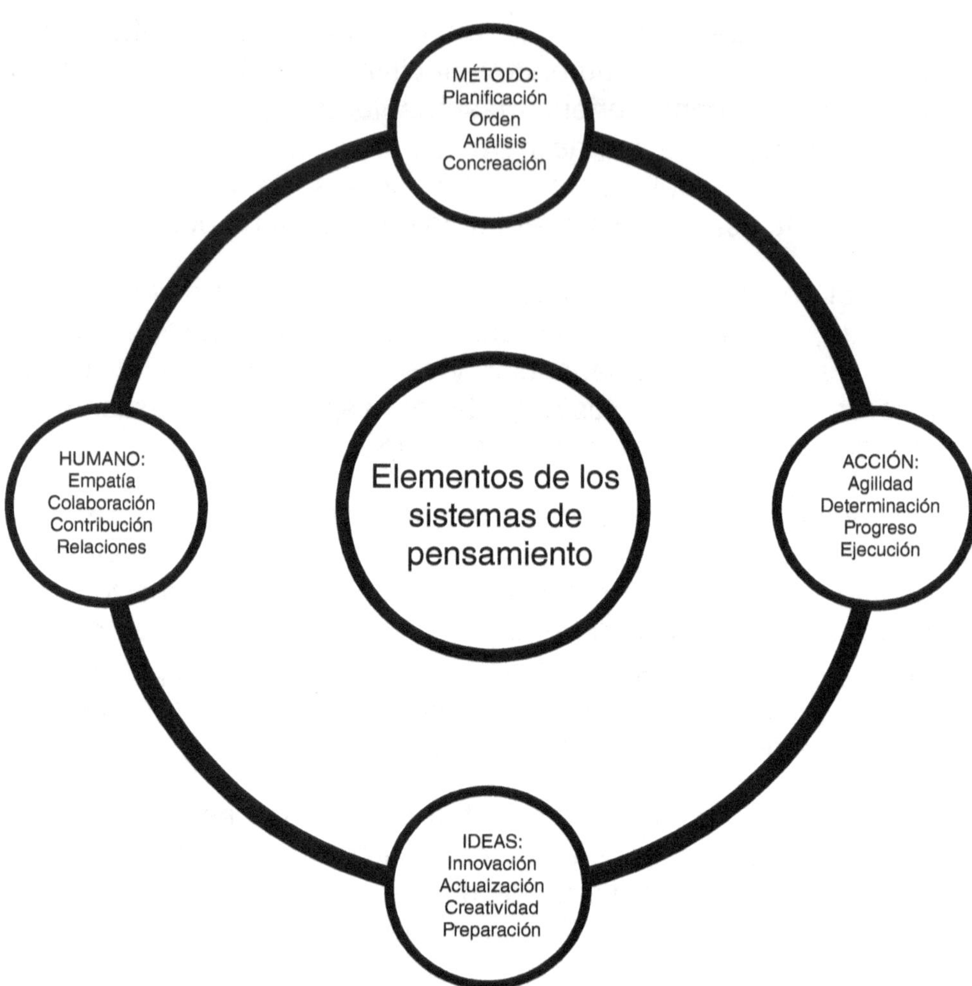

Elaboración propia – Ilene Daza

Método

Todo lo relativo a definir un plan general en función de un objetivo, siguiendo un orden que se corresponda con la buena disposición de las cosas entre sí, haciendo un estudio detallado y preciso.

Elementos/significado de método	Acciones y comportamientos observables
Planificación: plan general, metódicamente organizado y frecuentemente de gran amplitud, para obtener un objetivo determinado.	• **Lleva un** cronograma con tareas y plazos. • **Define** objetivos, tiempos de ejecución semanales y mensuales para un mayor seguimiento. • **Establece** actividades, responsables e inversión. • **Define** estrategias y **evalúa** resultados. • **Utiliza herramientas** tecnológicas **acordes** con las necesidades del proyecto (Excel, Google calendar, Trello, Asana, Monday, entre otras).
Orden: Ubicación de las cosas en el lugar que les corresponde/ buena disposición de las cosas entre sí/ Regla o modo que se observa para hacer las cosas.	• **Arregla** tu espacio físico. • **Lleva** una agenda física o virtual. • **Haz una lista** donde le des prioridad a tus tareas. • **Realiza una tarea** a la vez y comienza algo nuevo cuando hayas finalizado lo anterior. • Si resolver algo te toma menos de cinco minutos, **hazlo de una vez**. • **Aprende a decir NO y organiza** tu día siguiendo una rutina que te aleje de las distracciones. Silencia y pon en modo avión tu celular cuando quieras concentrarte en algo que requiere esfuerzo intelectual.

Elementos/significado de método	Acciones y comportamientos observables
Análisis: distinción y separación de las partes de algo para conocer su composición/ estudio detallado de algo, especialmente de una obra o de un escrito.	• **Pondera los datos** con objetividad. • **Comparte** tu punto de vista con otras personas que aporten una mirada constructiva y aporten nuevos elementos de comprensión. • **Amplía tu visión**, considerando el todo sin detenerte en los detalles. • **Contempla** varias soluciones.
Concreción: acción y efecto de concretar. *Sin*.: concretización, precisión, puntualización, concisión.	• **Sé breve**, sin omitir aspectos esenciales. • **Utiliza frases cortas** que expresen claramente tus ideas. • Usa un **lenguaje claro y sencillo** que aporte claridad a tu mensaje. • **Prepárate** antes de hablar. No sobre-expongas tu punto de vista. • **Transmite** el tema manteniendo el **foco central**. Evita desviarte mientras haces tu intervención.

La preferencia por la estructura, la disciplina, la exploración e investigación, siguiendo las reglas y buscando el equilibrio y la armonía son propias de este sistema.

A juzgar por estos elementos, podríamos decir que un ejemplo de ello es la magistrada Diana Fajardo Rivera, primera mujer en presidir la Corte Constitucional y quien "deberá enfrentar un período retador como la reforma a la salud, que deberá quedar aprobada este año". Esta abogada y politóloga, con experiencia laboral de más de 30 años en los sectores público y privado, ha sido reconocida con el premio "mejor magistrado de Alta Corte". Ha liderado temas cruciales para el país como la lucha contra la violencia de género y la defensa de los derechos sexuales y reproductivos de la mujer. Ha sido condecorada por su contribución al enriquecimiento de la jurisprudencia y al prestigio de la administración de justicia.

La doctora Fajardo Rivera es uno de los 24 personajes a seguir en 2024, según la revista *Forbes Colombia*.

Acción

Alusivo a la rapidez, dinamismo, resolución y toma de riesgos. Comprometido, audaz y decidido al actuar. Con determinación, busca el avance, la evolución, el desarrollo y la prosperidad.

Elementos/significado de acción	Acciones y comportamientos observables
Agilidad: cualidad de ágil. *Sin.*: rapidez, velocidad, ligereza, dinamismo, vivacidad, elasticidad, energía, desembarazo, prontitud. Actividad, resolución, diligencia, listeza, dinamismo, energía, sutileza, destreza.	• **Desarrolla la capacidad** para aprender, desaprender y reaprender. • **Concéntrate** en una actividad a la vez y dedícale el tiempo necesario. • **Sé eficiente** en las entregas, monitorea el proyecto en tiempo real y realiza ajustes durante la ejecución. • **Escucha** a tu equipo y **promueve** el trabajo colaborativo. • **Incluye** metodologías expeditas y haz los procesos simples.

Elementos/significado de acción	Acciones y comportamientos observables
Determinación: acción y efecto de determinar o determinarse. *Sin*.: decisión, resolución, acuerdo, disposición, conclusión, estipulación, voluntad.	• **Entrena tu cerebro** para tomar riesgos; puede convertirse en un paso fundamental para alcanzar el éxito. • **Recalibra tus pensamientos** y creencias para manejar la incertidumbre • **Aprovecha** las oportunidades. • **Enfócate. Aprende** de los errores, de la experiencia y de tu historia personal. Cambia la forma como abordaste los problemas. Ten planes alternativos. • **Practica técnicas** de mindfulness para ayudarte a tener una mente clara, silenciar el parloteo interno que puede sabotear tus decisiones. **Entrena tu cerebro** para ubicarte en el presente. • **Realiza la Atención Plena**, una práctica consciente para controlar los niveles de adrenalina y cortisol. • **Descansa, duerme y cultiva la apertura mental**. Dale menos valor al juicio de los demás.

Elementos/significado de acción	Acciones y comportamientos observables
Progreso: *1.* acción de ir hacia adelante. *Sin*.: avance, adelanto, evolución, desarrollo, crecimiento, auge, ascenso 2. Avance, adelanto, perfeccionamiento. Sin.: prosperidad, mejora, mejoría, avance, adelanto, bonanza, medro, perfección, civilización, cultura, luces.	• Dedica tiempo al **autoconocimiento**. Reconoce tu punto de partida y a dónde quieres llegar. Identifica tus competencias. • A partir de tus fortalezas y áreas de mejora, **define un plan individual de desarrollo** y un plan de crecimiento profesional. Ambos enfoques te proporcionarán un crecimiento integral. • Establece **objetivos específicos**, medibles, alcanzables, realistas y con un tiempo de realización. • **Ponte en acción**. Trabaja en tu evolución continua y en la gestión eficiente del tiempo. Es un proceso progresivo que favorece tu capacidad de adaptación y tu desempeño. • Tus logros favorecerán tu **motivación, compromiso y satisfacción personal**. • **Guíate** por un modelo de aprendizaje probado (por ejemplo el **70:20:10**, 70% experimental, por la práctica diaria; 20% social a través del equipo de trabajo o mentores y 10% formal, cursos o especializaciones de manera presencial o virtual).

Elementos/significado de acción	Acciones y comportamientos observables
Ejecución: acción y efecto de ejecutar. *Sin*.: realización, actuación, factura, hechura, cumplimiento, confección, consumación, conclusión, práctica.	• **Materializa tus ideas** en proyectos tangibles. Aprende a optimizar el tiempo y el trabajo. La mayoría de las estrategias bien formuladas en su mayoría no se llevan a cabo. Al revertir esta realidad, alcanzarás resultados superiores e internalizarás la importancia de la responsabilidad. • (Thomas Edison dijo: "Visión sin Ejecución es Alucinación" (*"Vision without Execution is hallucination"*). **Todos tenemos ideas, el reto es ejecutarlas.** • La eficiencia es lo opuesto a procastinar. Cumplir tu lista de tareas te permitirá **avanzar al siguiente nivel**. • Es más importante lo que estás **dispuesto a aprender** que lo que ya sabes. • **Alinea tu proceso** de desarrollo personal con tus metas y aficiones. Es un camino más fluido para alcanzar tu máximo potencial. • **Invierte tiempo** diariamente en tus objetivos con disciplina y autoexigencia. Prioriza lo importante y gestiona su realización.

Estas características se corresponden con Marcela Torres, gerente de Nu Colombia quien acaba de lanzar una cuenta de ahorros como nuevo producto financiero en el país. Ésta viene precedida de la tarjeta de crédito que ya cuenta con más de 800.000 clientes en el país. "Con Torres a cargo, Nu tendrá que demostrar si puede atraer a los colombianos que tienen acceso a otras opciones digitales de cuentas de ahorro sin cuotas de manejo, transferencias gratuitas a otros bancos y retiros gratuitos de dinero en efectivo".

Su estilo de comunicación es cercano y ameno (propio también del sistema humano) por eso cuenta de una manera muy cercana en las redes corporativas de la entidad que sus libros favoritos son: *"Dispara, yo ya estoy muerto"*, una novela histórica de la escritora Julia Navarro y *"Cuentos de buenas noches para niñas rebeldes"*, que lee en las noches con sus hijas. Además, confiesa que su comida favorita es la pizza margarita y la de carnes; admira y sigue desde hace muchos años al economista de Bangladesh, Muhammad Yunus quien fue galardonado en 2006 con el Premio Nobel de la Paz por su trabajo con inclusión financiera. Igual sentimiento tiene por su mamá, así como por todas las madres y padres solteros.

Esta ingeniera industrial de la Universidad de los Andes figura como una de las 100 mujeres más poderosas de Colombia y hace parte de la plataforma *Women In Connection* desde la cual ha gestionado iniciativas para incentivar la equidad de género en espacios corporativos.

Ideas

Lo concerniente al cambio, las mejoras, la invención y la modernización. Supone reajustes a partir de la capacidad de creación. Para ello se sigue un proceso de disposición y acondicionamiento donde el conocimiento y la experiencia facilitan hacer que algo comienza a desarrollarse antes de su plena manifestación.

Elementos/significado de ideas	Acciones y comportamientos observables
Innovación: acción y efecto de innovar. *Sin*.: cambio, mejora, novedad, originalidad, invención, perfeccionamiento.	• Ten **apertura mental** a las posibilidades de solución en vez de suponer que determinado reto es irrealizable. Esa la vía para afrontar los desafíos actuales. • **Cuestiona lo que haces y pregúntate** si está alineado con tus metas, propósito de vida y resultados esperables. • **Desafía tus creencias** y **aprende** nuevas formas de hacer las cosas. • **Sé flexible** y abre tu mente a nuevas posibilidades. • **Evalúa** distintas soluciones. No solo la primera opción. **Piensa en opciones** que pudieran ser más efectivas. Haz sesiones de tormenta de ideas o *"brainstorming".* Te ayudarán a explorar otros puntos de vista. • **Amplía tu conocimiento.**

Elementos/significado de ideas	Acciones y comportamientos observables
Actualización: acción y efecto de actualizar. *Sin.*: renovación, modernización, reajuste.	• **Utilizas tu base de conocimiento** como soporte para la nueva información. El aprendizaje continuo se facilita si conectas con lo que ya sabes. • **Aprende** según tus habilidades y de diferentes maneras: por observación, imitación, escucha o experimentación. • **Revisa**, recuerda lo que ya conoces. Recupera información de tu memoria. • **Aplica la estrategia de la repetición espaciada**, dejando tiempo entre sesiones de estudio; te ayudará a la concentración y consolidación de conocimiento. • **Apóyate** en un mentor que te sirva de guía y acelere tus progresos.

Elementos/significado de ideas	Acciones y comportamientos observables
Creatividad: 1. Facultad de crear. *Sin*.: inventiva, imaginación, ingenio, inspiración, magín. 2. Capacidad de creación.	• **Toma** apuntes, **haz** una lista de acciones en una libreta de notas física o virtual **para** favorecer las ideas. La organización es un fiel aliado de la creatividad. • Prueba la escritura libre. **Deja** la mente en blanco y plasmar lo que surja. • **Camina, dibuja, escucha música, haz ejercicio para expandir las nuevas ideas. La gente cansada o saturada de información no es creativa.** • **Pide** *feedback* y rodéate de gente creativa. El *networking* es fundamental. • **Sé constante**, practica y sal de la rutina. Crea un nuevo marco de referencia para llegar a la solución.

Elementos/significado de ideas	Acciones y comportamientos observables
Preparación - incubación – desconexión: **Preparación**: 1. acción y efecto de preparar o prepararse. *Sin.*: (de algo para un fin) disposición, organización, acondicionamiento, arreglo, prevención, preparativo, proyecto, planificación, gestación. 2. Conocimientos que alguien tiene de cierta materia. *Sin.*: conocimiento, formación, experiencia, saber, cultura, capacidad. **Incubación**: acción y efecto de incubar o incubarse. **Desconexión**: acción y efecto de desconectar. *Sin.*: aislamiento, separación, escisión, desunión, disociación, inconexión, interrupción, bloqueo, alejamiento, distancia.	**Preparación**: • **Investiga**, recopila información relevante, consulta diversos recursos relacionados con tu proyecto o idea. • **Haz un esquema** de cómo enfocarías tu propuesta preliminar. • **Planifica** con un diagrama y comienza a establecer estrategias de acción. **Incubación**: • **Participa** de actividades diferentes a tu proyecto que ayuden a consolidar a nivel inconsciente las ideas. **Desconexión**: • **Cambia tu enfoque.** Comparte tiempo con amigos y realiza actividades de recreación. • **Internaliza** que el descanso es parte integral del proceso de generación de ideas. • **Toma distancia del problema durante un período definido de tiempo para permitir que surjan nuevas miradas o soluciones**

Apuntes adicionales sobre el proceso de preparación-incubación-desconexión

Estos últimos tres componentes son fundamentales en el proceso creativo para llegar al desarrollo de nuevas ideas y soluciones. Como lo explico en mi libro: *¿Cómo desarrollar la alta competencia? Herramientas para salir de la zona de seguridad y entrar en la zona de genialidad,* el primer momento supone involucrarse con la propuesta que se tiene en mente, para lo cual se recopila información y se procura tener un conocimiento amplio de las posibilidades, límites y alcances de eso proyecto en ciernes. La preparación puede tomar años; es un paso necesario pero insuficiente. **Expresa el momento creativo, entendido como algo novedoso con significado y sentido.**

Le sigue un segundo proceso de incubación donde se elabora la información y se trabaja de manera inconsciente. Al tomar distancia y enfocarse en otras actividades afines a los intereses propios es muy posible que surjan nuevas posibilidades o soluciones.

Por último, la desconexión consiste en poner el cerebro en off, apagado. Cuando no hacemos nada, a partir de los aprendizajes previos, la mente procesa información de forma organizada gracias a una red neuronal que se llama *default network* (reposo). En actividades simples y cotidianas como tomar el bus, un taxi, abordar un avión, pintar, cocinar, escribir, quedarse entre dormido o recostarse en un sofá, el cerebro continúa gestionados datos. Es un estado de *flow* que favorece la serenidad, la creatividad y la renovación de ideas.

Al respecto, se cuenta como anécdota que luego de tomar una siesta, Paul McCartney se levantó y escribió la melodía de *Yesterday*. Él tenía la preparación porque era músico y, semanas antes de componer la famosa canción, estaba obsesionado con aquella melodía que no salía. Puso su cerebro en off y surgió el momento Eureka.

Otro ejemplo es Jan Koum, uno de los referentes tecnológicos más importantes de nuestros tiempos y uno de los multimillonarios más exitosos de *Silicon Valley*. Nació en Ucrania y migró junto a su madre a Estados Unidos cuando era apenas un adolescente. En ese entonces, mientras se ejercitaba en un gimnasio pensó en crear una forma simple y confiable de enviar mensajes de texto a través de dispositivos móviles. Responder llamadas perdidas no era su opción favorita, así que prefirió buscar por sus propios medios otra alternativa. Él mismo decidió que haría algo acorde con el boceto que tenía en su cabeza. Curiosamente, fue muy fácil ponerle nombre: se llamaría *WhatsApp*. Se le ocurrió pensando en la expresión en inglés *"what's up?"*, que en español significa algo así como "¿qué tal?" o "¿qué pasa?".

Esos fueron los inicios de lo que hoy es la aplicación de mensajería instantánea más popular del mundo. Aquí también la creatividad jugó en rol fundamental tanto en la creación como en la visión de ofrecer una interfaz simple, amigable y de fácil uso para los internautas. Junto al norteamericano Brian Acton, evolucionaron la manera de comunicarse. En 2014, Facebook adquirió WhatsApp por 19 mil millones de dólares y ese mismo año, Jam Koum apareció en la revista Forbes como uno de los personajes más ricos de Norteamérica luego de haber pasado toda suerte de dificultades económicas. Todo esto se resume en un poderoso refrán: "el que persevera vence". El poder de un Eureka yace en el esfuerzo sostenido de una persona apasionada que ha conseguido lo que se ha propuesto. Lo demás ya es historia.

En todos estos personajes, se confirma lo que ya está comprobado desde las neurociencias: cuando surge la creatividad hay áreas del cerebro que previamente no estaban asociadas y se asocian o que no estaban conectadas y se conectan. También está demostrado que hay circunstancias que aumentan la posibilidad de que surja el momento Eureka como el contexto, el ambiente o un ecosistema positivo. Otro aspecto clave es darse el permiso de cometer errores. Es natural que así suceda como parte de la experimentación, la mejora y el aprendizaje. Lo más valioso es que todos podemos potenciar nuestra capacidad inventiva si seguimos el proceso con disciplina y continuidad.

Una exponente de alcance global de este sistema es Taylor Swift quien hace gala de su poder de innovación, actualización y creatividad. Hoy es una de las mujeres con mayor influencia económica, cultural y política del mundo. A sus 33 años, tiene un patrimonio neto de 1.100 millones de dólares; su gira Eras Tours, una retrospectiva de tres horas y media de su carrera, totalizó 66 conciertos en Estados Unidos en 2023 y continua en 2024 por Asia y Europa cautivando a un público mayoritariamente joven y femenino. Al igual que con el Eras Tour y el concierto-película, gran parte del poder de Swift se deriva del control directo sobre su negocio. Más impresionante, y potencialmente más lucrativa, es la forma en que recuperó la propiedad de su catálogo de canciones regrabando álbumes que formaban parte de una venta de US$ 300 millones que Swift alega se hizo a sus espaldas.

Humano

Referente a las habilidades sociales, la capacidad de identificarse con alguien y compartir sus sentimientos. Prevalece la escucha activa, la cercanía, el trabajo colaborativo y la disposición a construir alianzas y generar vínculos.

Elementos/significado de humano	Acciones y comportamientos observables
Empatía: sentimiento de identificación con algo o alguien.	• **Conoce** cómo ve la otra persona las cosas, **conecta** con su sentir y **expresa** que estás dispuesto a ayudar a quien lo necesita. Estas son tres formas de ponerse en la piel del otro y tender la mano. Esta es una habilidad básica en las relaciones humanas. Surge de forma natural e intuitiva sin que el otro lo pida.

	• **Presta atención a los mensajes verbales y no verbales de la otra persona.** • **Muestra** una preocupación sincera por los demás, **disfruta** de las pequeñas cosas de la vida.
Colaboración: acción y efecto de colaborar. *Sin*.: cooperación, contribución, participación, asistencia, auxilio, ayuda, asocio.	• Si tienes una posición de liderazgo, **asigna tareas y funciones** que permitan a otros ampliar sus capacidades, destacarse y avanzar en sus carreras. • **Promueve iniciativas** novedosas que puedas desarrollar en equipo. • **Comunica** tus ideas de manera efectiva • **Facilita la información** entre los distintos departamentos de la empresa. La colaboración tiene un impacto positivo en el entorno laboral, impulsa la sinergia y lleva el trabajo en equipo a otro nivel. Mejora la eficiencia, la innovación y las relaciones. • **Incentiva** con tu disposición y actitud, las propuestas en conjunto. Un equipo colaborativo logra mejores resultados trabajando junto que si lo hace por separado.

Elementos/significado de humano	Acciones y comportamientos observables
Contribución: acción y efecto de contribuir. *Sin*.: ayuda, colaboración, aportación.	• **Brinda tu tiempo y escucha para ofrecer ayuda emocional**. La química de nuestro cerebro, el bienestar emocional y mental mejoran sustancialmente cuando realizamos acciones para ayudar a los demás. • **Observa** a tu alrededor. Ayudar a las personas requiere una conciencia despierta y humilde para escuchar y aprender. • Una **actitud amable**, una sonrisa puede marcar la diferencia en la vida de alguien. • **Sé recíproco** y corresponde esos gestos o ayudas que en otros momentos recibiste. • **Practica la generosidad** y ofrece tus talentos en servicio de la comunidad.

Elementos/significado de humano	Acciones y comportamientos observables
Relación: conexión, correspondencia, trato, comunicación de alguien con otra persona. Tiene que ver con la satisfacción interna con las demás personas. Entendiendo esas relaciones como vínculos sanos, en los que uno se siente valorado, escuchado, respetado, dónde en algunos casos se crea intimidad y dónde estos sentimientos son mutuos.	• **Prioriza el compartir** más que esperar algo a cambio de la otra persona. • **Evita emitir juicio** sobre los demás y favorece conversaciones respetuosas donde el otro se sienta cómodo y abierto a expresarse libremente. • **Mejora la relación** contigo mismo y **sé tolerante** con los errores de los demás. • **Ofrece lo mejor de ti**, manejando las expectativas sobre el otro.

Un personaje histórico que representa profundamente estos cuatro elementos del sistema humano es Eleanor Roosevelt, defensora de la justicia social y la igualdad, diplomática y esposa del presidente de los Estados Unidos, Franklin D. Roosevelt.

Como presidenta de la Comisión de Derechos Humanos de las Naciones Unidas, dedicó su vida a promover la dignidad y el bienestar de todas las personas, la igualdad de oportunidades y la participación de las mujeres en los asuntos internacionales. Su legado es multifacético pues promovió una política de cooperación y entendimiento entre naciones.

En *Crónica ONU* resumen la trascendencia de sus acciones que reflejan su valentía, determinación, compasión y liderazgo inspirador. Defendió sus principios, exigió, ayudó, desarrolló alianzas estrechas, enseñó, recorrió el mundo desafiando a sus detractores, mientras otros que enfrentaban amenazas similares como Nelson Mandela y Rosa Parks leyeron sus obras y alabaron su compromiso:

...” La batalla por crear una visión internacional de los derechos humanos requirió todas las capacidades de Eleanor Roosevelt, y supuso un desafío para ella, de formas que nunca habría imaginado. Preocupada ante las tensiones políticas de una guerra fría que aumentaban cada vez más y fácilmente podían provocar otra guerra, decidió impulsar un acuerdo integral que pudiera adoptarse lo más rápido posible.

Convencida de que un mundo temeroso, que aún se estaba recuperando de la peor guerra de la historia, necesitaba una visión antes que un tratado, pidió que la tarea de la Comisión de Derechos Humanos se dividiera en tres trabajos complementarios: la redacción de una declaración de derechos humanos y un pacto para aplicarlos y la creación de un tribunal de derechos humanos para que quienes violaran dichos derechos rindieran cuentas de ello. Convencida de que Harry Truman no saldría elegido y que no volvería a ser designada para ocupar su puesto en las Naciones Unidas, luchó para que se adoptara una declaración antes del final de 1948.

Redactar la <u>Declaración Universal de Derechos Humanos</u> supuso un enorme esfuerzo. El mundo nunca se había puesto de acuerdo acerca de un concepto común en materia de derechos, y ahora tenía que hacerlo bajo la sombra de un horror inimaginable y de la incertidumbre económica. Como presidenta de la comisión, Eleanor Roosevelt se esforzó por crear un entorno en el que las 18 naciones miembro —cuyos gobiernos carecían de un concepto común de ciudadanía, gobierno, política, propiedad, religión e identidad— pudieran imaginar, debatir y formular derechos.

Mientras que la Declaración Universal de Derechos Humanos iba tomando forma, Eleanor Roosevelt tuvo que convencer a un Departamento de Estado de Estados Unidos reticente, cuando no directamente resistente, a aceptar una definición de los derechos humanos que incluyera los derechos sociales, económicos y culturales, y no solo los derechos civiles y políticos. Luego tuvo que convencer a los soviéticos para que no se opusieran a las disposiciones de la Declaración que aludían a los derechos civiles y políticos. Por último, tuvo que convencer a la Asamblea General para que aprobara la Declaración. Nadie, salvo Eleanor Roosevelt podría haber atravesado este campo de minas" ...

Esta mujer excepcional sin duda logró integrar los cuatro sistemas de pensamiento utilizando sus fortalezas y capacidades para lograr sus objetivos con estructura y determinación, liderando acciones ágiles, oportunas y tomando riesgos que impactaron positivamente a la humanidad. Su visión amplia y poder de liderazgo tuvo una contribución invaluable que forjó a partir de la construcción de relaciones y vínculos sólidos con sus aliados. El mejor ejemplo de flexibilidad cognitiva.'

En resumen:

- Para integrar los cuatros sistemas de pensamiento, debemos conocer los elementos claves y las acciones distintivas de cada uno de ellos.

- Una vez que identificamos nuestros dos sistemas predominantes, debemos incorporar nuevos comportamientos y formas de actuar que evidencien la presencia de aquellos otros sistemas que necesitamos fortalecer.

- A través de personajes referenciales y del relacionamiento social, podemos aprender a reconocer la orientación que tienen las personas para gestionar la información, abordar problemas, tomar decisiones y generar soluciones. Son rasgos diferenciadores y modos de actuar que reflejan cómo son.

- Con observación y práctica, siguiendo la hoja de ruta propuesta podrás incorporar esas nuevas habilidades paulatinamente.

- Los elementos del sistema de método son: planificación, orden, análisis y concreción. Todo lo relativo a definir un plan general en función de un objetivo, siguiendo un orden que se corresponda con la buena disposición de las cosas entre sí, haciendo un estudio detallado y preciso.

- Al sistema de acción lo definen los elementos de: agilidad, determinación, progreso y ejecución. Es lo alusivo a la rapidez, dinamismo, resolución y toma de riesgos. Comprometido, audaz y decidido al actuar. Con determinación, busca el avance, la evolución, el desarrollo y la prosperidad.

- Cuando los componentes son la innovación, actualización, creatividad, y el proceso de preparación - incubación – desconexión es porque nos referimos al sistema de ideas. Es lo concerniente al cambio, las mejoras, la invención y la modernización. Supone reajustes a partir de la capacidad de creación. Para ello se sigue un proceso de disposición y acondicionamiento donde el conocimiento y la experiencia facilitan hacer que algo comienza a desarrollarse antes de su plena manifestación.

- Los factores determinantes del sistema humano son: la empatía, colaboración, contribución y relación. Es lo referente a las habilidades sociales, la capacidad de identificarse con alguien y compartir sus sentimientos. Prevalece la escucha activa, la cercanía, el trabajo colaborativo y la disposición a construir alianzas y generar vínculos.

- Para lograr una relación efectiva debemos adecuar nuestro lenguaje y comportamiento al tipo de sistema de pensamiento del otro, establecer una estrategia y reforzar nuestras competencias de comunicación.

APARTADO PARA PADRES

¡Promueve el desarrollo cognitivo, emocional y social de tus hijos!

El ejemplo empieza por casa. Si modelamos comportamiento integradores que le sirvan de inspiración a nuestros hijos, muy seguramente en su vida adulta su camino estará más allanado y contarán con mayores habilidades relacionadas con la flexibilidad cognitiva. En situaciones cotidianas podemos enseñarles a ser más estructurados, resolver conflictos, potenciar la creatividad a través del juego y enseñarles a ser más compasivos, solidarios y empáticos.

Para que los niños desarrollen más sistema de método, es importante que el orden sea un valor importante en el hogar. Enséñales a:

- Organizar la habitación diariamente: que se acostumbren a tender su cama y dejar lista la ropa del jardín o del colegio el día anterior.

- Planificar su día: puedes darles la libertad de que ellos hagan su propio cronograma. Puedes acompañarlos y orientarlos, pero no hagas la tarea por ellos. Es lo mismo que sucede cuando deben preparar su bolso escolar o su maleta para una salida pedagógica. Al principio olvidarán algunas cosas y poco a poco irán creando el hábito.

- Establecer un tiempo para sus actividades: puede ser una franja aproximada de dos horas para jugar, comer, leer, practicar algún deporte, etc. Importante, deben acostarse a dormir a una hora que les proporcione el descanso y la reparación que necesitan acorde a su edad.

- Hacerse preguntas, investigar y buscar respuestas a sus inquietudes por sí mismos. De esa manera, fomentarás en ellos el pensamiento crítico y analítico.

Si buscas fortalecer el sistema de acción en la crianza puedes:

- Hacer planes y juegos que impliquen movimiento del cuerpo, como bailar, ir al parque, al saltarín, etc.

- Realizar actividades y tareas que lleven a los niños a conseguir un resultado, progreso, que sepan que van a llegar a un objetivo final. Es lo que se conoce como gamificación, muy común en los video juegos donde se ganan puntos e insignias por alcanzar ciertos logros.

- Resolver problemas de manera independiente. Enséñalos a considerar varias opciones y evaluar lo que pasaría si escogen una de ellas. Explícales la importancia de tomar decisiones informadas.

Sin duda, los niños son sinónimo de ideas, originalidad, curiosidad e inventiva. Puedes seguir fomentando este sistema al:

- Incentivar la lectura, con historias de ficción, aventuras, cuenta cuentos, audiolibros…Todo ello ampliará su conocimiento, visión, aprendizaje y creatividad.

- Asistir a alguna clase artística, teatral o musical.

- Compartir actividades lúdicas en familia. Juegos de mesa, hacer recetas de cocina juntos.

- Dejar que ellos armen sus propios juguetes o legos y ayuden organizando cosas de la casa. (Eso desarrolla recursividad y sentido de trabajo colaborativo).

Para desarrollar sistema humano

- Propicia encuentros con amigos/primos para que compartan con sus pares e interactúen en su tiempo libre. Genera espacios y actividades de recreación.

- Plantea conversaciones con ellos para que puedan expresar sus emociones (juegos de preguntas en familia).

- Llévalos a que apoyen una causa; a que interactúen con una comunidad vulnerable de niños de sus mismas edades que estén en condiciones económicas diferentes.

TEST PARA IDENTIFICAR TU SISTEMA DE PENSAMIENTO

www.ilenedaza.com

A continuación, te presento 10 parejas de afirmaciones para que sólo escojas 1 opción en cada caso. Por ejemplo, entre las frases 1 y 2, debes seleccionar la 1 o la 2 y así sucesivamente. Marca la opción de tu preferencia.

1. Le gusta la acción.	2. Trata los problemas metódicamente.
3. Piensa que el trabajo en equipo es más eficaz que el individual.	4. Le gusta mucho la novedad.
5. Se interesa más por el futuro que por el pasado.	6. Le gusta trabajar con otras personas.
7. Le gusta asistir a reuniones de grupo bien organizadas.	8. Concede gran importancia a los plazos.
9. No soporta que se dejen las cosas para mañana.	10. Piensa que las ideas nuevas hay que probarlas antes de aplicarlas.
11. Le gusta la emulación que crean las relaciones con otros compañeros.	12. Siempre anda buscando nuevos retos.
13. Suele fijarse sus propios objetivos.	14. Le gusta acabar lo que empieza.
15. Casi siempre intenta comprender las emociones de las personas.	16. Cuando no está de acuerdo con los demás, no duda en decirlo.
17. Le gusta que la gente valore su trabajo.	18. Cree que el método del paso a paso es muy eficaz.
19. Capta muy bien la psicología de la gente.	20. Le gusta buscar soluciones creativas a los problemas.

Ahora, encierra en un círculo el número que se corresponda con tu respuesta y cuéntalos. Máximo debes rellenar 5 características por cada sistema de pensamiento.

Sistema de pensamiento	Número Respuesta
Sistema Método	2 -7- 10- 14- 18
Sistema Acción	1 – 8 – 9 – 13- 17
Sistema Ideas	4 - 5 -12 -16 - 20
Sistema Humano	3 - 6 -11 -15 -19

ESTABLECE UNA
ESTRATEGIA Y AMPLÍA
TU CONOCIMIENTO

"DESARROLLAR LA FLEXIBILIDAD COGNITIVA REQUIERE DE UNA REVISIÓN CONTINUA"

CAPÍTULO 4

ACTIVIDAD E-LEARNING: COMPRUEBA TU APRENDIZAJE

Te invito a escanear el siguiente código **QR** que te llevará a un ejercicio especialmente diseñado para ti. Allí te explico en un video el paso a seguir para comprobar que lograste identificar los cuatro sistemas de pensamiento que hemos abordado a lo largo del libro.

¡Espero que lo disfrutes y lo aproveches al máximo!

A modo de despedida

Muy al estilo de las escenas post-créditos que aparecen al final de algunas películas en el cine, te comparto algo más y te pregunto:

¿Qué sistemas de pensamiento predominaron en mí en las entrevistas?

____

____

____

____

Pregúntate:

¿Qué estilo adoptó?, ¿qué pasos siguió?, ¿qué tipo de preguntas hizo?, ¿qué palabras usó frecuente?

____

____

____

____

Esas palabras: ¿a cuál sistema corresponde?, ¿cómo hizo sentir a sus entrevistados?

____

____

____

____

Seguramente ya sabes cuáles son esos sistemas. ¡Te tengo una invitación! Cuéntamelos vía Instagram: me encuentras como @Ilenedaza

¡Te espero para que sigamos conectados!

Ahora sí, me despido. ¡Recibe un fuerte abrazo!

CONCLUSIÓN

Reconocer e integrar los sistemas de pensamiento en tu vida diaria es la estrategia certera para mejorar significativamente tus competencias profesionales y también personales.

Como lo conté en la introducción del libro, cuando descubrí la potencia que tiene este modelo, me dediqué a enseñarlo en mis talleres, absolutamente convencida de su poder y eficacia.

Por eso te invito a crear el hábito de leer al otro para entenderlo y conectarte asertivamente.

Desarrollar la flexibilidad cognitiva requiere de una revisión continua.

Es una tarea de todos los días.

Ilene.

EPÍLOGO

Una persona al pasar por una obra en Italia, le preguntó a un primer albañil, ¿qué estás haciendo? Y este respondió:
-Coloco unos ladrillos, unos sobre otros.
La persona avanzó un poco más y le preguntó lo mismo a otro alba-ñil, quien le respondió:
-Estoy construyendo un muro.
Luego, siguió unos pasos más adelante y le preguntó a un tercer albañil que estaba haciendo exactamente lo mismo que los dos anteriores y este le dijo:
-Construyo una catedral para la gloria de Dios.

¿Cuál es tu mirada de lo que haces cotidianamente?, ¿qué valoración le das a tus actividades?, ¿qué significan para ti?, ¿qué aportan a tu visión de mediano y largo plazo?

Las horas que dedicamos cada día al trabajo, la familia, los amigos, las aficiones, el bienestar o la espiritualidad transitan por un cúmulo de emociones que pueden ir desde la insatisfacción, la desmotivación, el hacer las cosas por hacer, hasta la conexión profunda con los valores, el sentido de trascendencia y el propósito de vida. Si tuvieras que poner en la balanza estos sentimientos, ¿cuáles tendrían más peso en tu rutina?

Quise terminar el libro con esta reflexión porque allí está la clave de una verdadera apropiación de las herramientas que te he compartido a lo largo de los capítulos. Esta información puede resultar sumamente valiosa para ti y ser un motor transformador en tu trayectoria o simplemente puede ser un libro interesante que vas a retomar más adelante.

¿De qué depende esa valoración?, ¿qué elementos debes entrelazar para elevar tu flexibilidad cognitiva?

La neurociencia y la psicología han investigado desde hace muchos años los factores que influyen en cómo percibimos la realidad y han concluido que, en buena medida todo depende del punto de vista en que se vean las cosas.

Un estudio referencial es el de la psicóloga organizacional de la universidad de Michigan, Amy Wrzesniewski quien ha desarrollado una línea de investigación desde hace muchos años centrada en cómo las personas dan sentido a su trabajo.

En la actualidad forma parte del cuerpo docente de Wharton, formó parte del cuerpo docente de la Yale School of Management, de la Universidad de Yale y de la Stern School of Business, de la Universidad de Nueva York. Su trabajo titulado: *Jobs, Careers and Callings: People's Relations to Their Work*, que realizó junto a otros colegas, identificó tres categorías con las que las personas asocian su trabajo y asumen una actitud acorde a ello. La primera es cuando el empleo lo motiva el salario, los beneficios y cumplir con una determinada obligación; es una tarea, una necesidad. La segunda es cuando el trabajo supone desarrollo profesional, en ese caso la motivación es el dinero y el progreso y una última, cuando el desempeño está unido a la vocación, los valores y las aspiraciones más profundas. En este nivel, el trabajo es percibido como agradable y socialmente útil.

Estas perspectivas impactan en otras áreas del ser humano, en términos de bienestar, motivación y salud. La escala que identificó Wrzesniewski, podemos resumirla así:

- Empleo: bajo nivel de satisfacción laboral y compromiso. Apatía. El trabajo no es un fin en sí mismo, sino un medio para contar con los recursos necesarios para vivir y disfrutar. El interés de la persona viene dado por los aspectos materiales. Posiblemente esté a la deriva, sin rumbo fijo.

- Carrera: nivel intermedio de satisfacción laboral y compromiso. La conexión de la persona es más profunda con su trabajo. Los logros y ascensos profesionales son tan importantes como las ganancias monetarias. Ello supone una mayor posición social, poder y autoestima. El trabajo puede ser visto como una competencia contra mí mismo o contra los otros. Lo importante es llegar a la meta, tener   logros reconocimientos. Cuando no se dan estos incentivos, se pierde la motivación y puede haber monotonía.

- Vocación: alto nivel de satisfacción laboral y compromiso. La persona descubre que su trabajo es inseparable de su vida porque le permite cumplir con lo que es significativo. La motivación principal es la satisfacción que la actividad brinda al individuo. Es el trabajo en sí mismo entendido como una pasión y un privilegio. Es allí donde se experimente un sentido de propósito.

A lo largo del camino, podemos transitar por una u otra categoría dependiendo del momento de vida, ocupación, transiciones de roles y responsabilidades. Lo importante es no perder de vista la connotación que le damos al trabajo, lo cual incide en gran medida en cómo interactuamos y nos relacionamos con los demás. Es ahí donde podemos aprovechar al máximo el modelo de los sistemas de pensamiento y aplicarlo con nuestros líderes, pares y colaboradores al igual que en los entornos familiar, personal y social.

Una misma actividad, puede ser asumida de manera distinta, incluso en un mismo día. La diferencia está en el enfoque interno y en la percepción de lo que estamos haciendo. La pregunta fundamental que debemos hacernos es: ¿cuál es el sentimiento que más predomina en nuestra área de desempeño?

Recuerda, eso que parece obvio y a veces se nos olvida. Como lo refiere mi profesor, Tal Ben-Shajar, experto en psicología positiva y liderazgo: una vida con propósito no supone hacer algo radical y ostentoso, es algo que podemos lograr en la cotidianidad. No se trata de un destino que vamos a alcanzar algún día. Es encontrar significado y valía en eso que hacemos todos los días.

SOBRE LA AUTORA

Ilene Daza: Autora, Educadora, y conferencista en Liderazgo y Desarrollo de altas competencias.

Ilene Daza es una autoridad reconocida en liderazgo, desarrollo personal y coaching, con una trayectoria de más de dos décadas dedicada a empoderar líderes para que alcancen su máximo potencial. Como autora de los libros *"El líder que sí transforma"* y *"¿Cómo desarrollar la alta competencia?"*, Ilene ha dejado su huella en el campo del liderazgo con un enfoque práctico y transformador.

Como CEO de ID International Coaching & Consulting, ha liderado con el ejemplo, implementando programas innovadores y estrategias de liderazgo que han reformulado el panorama del coaching ejecutivo. Fundadora de la academia online Lideresnet, Ilene ha democratizado el acceso a la educación ejecutiva, ofreciendo programas de vanguardia que preparan a los líderes de hoy para los desafíos del mañana.

Ilene ha sido pionera en el ámbito del liderazgo femenino en América Latina, creando y dirigiendo programas de certificación que fomentan un entorno inclusivo y equitativo en el liderazgo corporativo. Su compromiso con el crecimiento personal y profesional se refleja en su diversa formación académica, que incluye especializaciones en Programación Neurolingüística, Neuroemoción, y una vasta gama de certificaciones internacionales que respaldan su metodología y enfoque.

Dedicada a la investigación de la mente humana, Ilene comparte su conocimiento y experiencia a través de la enseñanza y el habla pública, contribuyendo a la comunidad global de coaching y desarrollo personal. Sus conferencias y talleres no solo son informativos sino también transformadores, equipando a individuos y organizaciones con las herramientas necesarias para alcanzar sus objetivos y superar sus limitaciones.

Formación Académica Destacada:

Certificaciones internacionales en Felicidad y Bienestar en el Trabajo, Coach Internacional y Team Coach por ICC, y en Growth Management por el Growth Management International Institute de España.

Máster en Programación Neurolingüística por John Grinder y especializaciones en Neuroemoción, Mindfulness, y Gerencia Comercial y Gerencia de Mercadeo, reflejando su compromiso continuo con el aprendizaje y la excelencia.

Con una carrera distinguida como catedrática y docente experta en liderazgo en reconocidas universidades e instituciones educativas, Ilene ha moldeado las mentes de la próxima generación de líderes, enfocándose en la creación de un impacto duradero y positivo en el mundo del liderazgo y más allá.

OTROS LIBROS DE ILENE DAZA

¿CÓMO DESARROLLAR LA ALTA COMPETENCIA?

Si revisamos casos exitosos en diferentes disciplinas como: la medicina, los deportes, el arte, los negocios, entre otros; encontraremos en todas ellas unas cuantas personas excepcionales que nos sorprenden con lo que son capaces de hacer y lo bien que lo hacen.

En este libro encontrarás conceptos claves que te harán reflexionar y, sobre todo, herramientas y modelos que te llevarán a subir tu estándar profesional y tener un desempeño superior en tu área de interés.

EL LÍDER QUE SÍ TRANSFORMA

Liderar es un regalo de la vida. Nos permite dejar una huella, un legado y trascender.

En este libro aprenderás de una forma ágil y práctica una hoja de ruta directa para poder transformar, inspirar desde la coherencia, la responsabilidad y el propósito

www.ingramcontent.com/pod-product-compliance
Lightning Source LLC
Chambersburg PA
CBHW051441140726
47987CB00006B/2478